VILLEMER DELORMEL

CHANSONS

D'ALSACE-LORRAINE

Préface

PAR

A. RANC

BATHLOT, Éditeur de musique
Rue de l'Échiquier, 99.

PARIS

C. MARPON & FLAMMARION, Éditeurs
26, Rue Racine, près l'Odéon.

LES CHANSONS

D'ALSACE-LORRAINE

Paris. — Imp. Alcan-Lévy, 18, passage des Deux-Sœurs

VILLEMER-DELORMEL

LES CHANSONS

d'Alsace-Lorraine

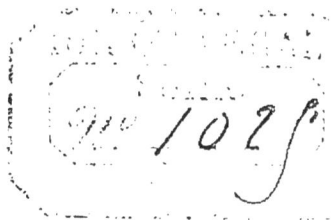

PARIS

L. BATHLOT

ÉDITEUR DE MUSIQUE

Rue de l'Échiquier, 39.

MARPON & FLAMMARION

ÉDITEURS

26, rue Racine (près l'Odéon).

La musique de toutes ces Chansons se trouve chez l'Éditeur,
39, rue de l'Échiquier.

A Mademoiselle AMIATI,

A Monsieur Paul RENARD,

Ce livre est dédié

VILLEMER-DELORMEL.

I.

PRÉFACE

C'ÉTAIT en 1874. Gambetta m'avait fait la surprise de venir me voir à Bruxelles. Nous partîmes, avec Spuller, pour la Hollande, qu'aucun de nous trois ne connaissait.

Ah! quelles joyeuses vacances! et quel gai compagnon c'était que Gambetta échappé pour quelques jours de la politique! Échappé

tout à fait ? Non, car, dans nos longs entre-
tiens, il nous disait ses espérances, ses vues
d'avenir, ses desseins pour faire la France
grande et la République forte. Chers et poi-
gnants souvenirs! Ceux-là seuls devant qui
Gambetta ouvrait toute son âme, ceux-là ont
mesuré ce qu'il y avait en lui de sincérité, de
foi démocratique , d'absolu désintéresse-
ment. On ne pouvait vivre de son intimité
sans être pris dans le rayonnement de cette
flamme qui ne brûlait que pour la France et
pour la République. Quels discours pour nous
deux seuls, Spuller et moi, pendant ces quinze
jours passés dans cette lumineuse Hollande !
Gambetta a été le plus grand des orateurs in-
times. Nous passions de longues heures dans
les musées. Je l'entends encore, à Amsterdam,
devant la *Sortie des Arquebusiers*, de Rem-
brandt. C'était la plus éblouissante des impro-

visations. Que n'étais-tu là, ami Paul Detot,
avec ton crayon de sténographe ?

Un soir, à Amsterdam, ne sachant que faire
de notre soirée, nous étions entrés dans un
café-concert. Public de bons bourgeois, buvant leur bock et fumant paisiblement. Concert
cosmopolite, où se succédaient des chan-
teuses anglaises, allemandes, françaises. C'é-
tait, en somme, assez médiocre. Nous allions
nous en aller, d'autant qu'on commençait à
nous regarder et qu'il nous semblait que Gambetta avait été reconnu. Nous nous levions,
lorsqu'une jeune femme entra en scène. Elle
avait une robe noire avec une écharpe tricolore. Elle commença une chanson dont le refrain, depuis ce jour, m'est souvent revenu :

> Parler français n'est plus permis
> Aux petits enfants de l'Alsace.

Elle chantait sans grande voix, sans beau-

coup d'art, mais d'un ton sincère et ému.
Après chaque couplet, c'était dans la salle des
tonnerres d'applaudissements. On nous avait
bien dit que les Hollandais aiment la France.
Ils applaudissaient la chanson alsacienne, les
yeux tournés vers nous; on avait reconnu
Gambetta. Puis, l'orchestre joua la *Marseillaise*. Quand nous sortîmes, toutes les têtes
se découvrirent devant Gambetta. La Hollande saluait en lui la France vaincue. Dans
la rue, nous n'échangeâmes pas une parole,
nous avions le cœur serré. C'est une des plus
fortes émotions que j'aie jamais ressenties.

La chanson qui soulevait des bravos au
café-concert d'Amsterdam, c'est celle qui ouvre ce volume, c'est le *Maître d'Ecole alsacien*. Aussi, je paye une dette en présentant
au public qui lit ces couplets déjà connus du
public qui écoute chanter.

Les *Chansons d'Alsace-Lorraine* ont été,
pour la plupart, créées, au concert de l'El-
dorado, par une artiste à l'accent profond
et passionné, qui a su en rendre admirable-
ment le caractère; elles auront, je l'espère,
dans le livre, le même succès. Les parnassiens,
les maîtres de la rime, auront, sans doute,
quelque dédain pour ces chansons venues de
jet, où ils ne trouveront ni la recherche du
style ni l'arrangement parfait des mots. Pour
ces raffinés, il n'y a pas de poète sans la
forme impeccable. Il lui faut de plus l'indiffé-
rence et l'impassibilité. MM. Villemer et Delormel ne sont ni impassibles ni indifférents,
et leur note émue est aussi de la poésie, de la
bonne et franche poésie populaire. C'est d'une
veine bien française.

Les *Chansons d'Alsace-Lorraine* iront loin;
elles pénétreront là-bas dans les provinces

perdues, et elles diront à ces Français exilés dans leur patrie que nous n'avons pas oublié, que nous nous souvenons, que nous espérons !

A. RANC.

Le Maître d'école Alsacien

C'EST dans une école d'Alsace,
Où le soleil de ses rayons
Illumine toute la classe
Des fillettes et des garçons ;
C'est l'heure où l'on apprend à lire,
Tous les enfants taisent leurs voix,
Car le vieux maître vient de dire,
Parlant la langue d'autrefois :

La patrouille allemande passe,
Baissez la voix, mes chers petits ;
Parler français n'est plus permis
Aux petits enfants de l'Alsace.

Le maître, en parlant de la France,
Avait des larmes dans les yeux ;
Sa voix enseignait l'espérance
Aux orphelins silencieux.
Il leur disait : Dans vos prières,
Le soir, quand vous joindrez les mains,
Parlez la langue de vos pères,
Qui sont tombés sur nos chemins.

La patrouille allemande passe,
Baissez la voix, mes chers petits :
Parler français n'est plus permis
Aux petits enfants de l'Alsace.

Enfants, vous qu'a frappés la guerre,
Souvenez-vous de nos malheurs,
Et que la nouvelle frontière
N'existe jamais pour vos cœurs.
Les yeux tournés vers la Patrie,
Grandissez, l'heure sonnera
Où son âme aujourd'hui meurtrie
Vers elle vous rappellera.

La patrouille allemande passe,
Baissez la voix, mes chers petits ;
Un jour la langue du pays
Nous la parlerons dans l'Alsace.

La Première Leçon d'allemand

~~~~~~~~~~

L E vieux maître disait : Adieu
A tous les enfants de la classe.
Chaque petit pleurait un peu
En le voyant quitter sa place.
Pour la France il allait partir,
Il était en habits de fête,
Ses yeux ne pouvaient retenir
Une grosse larme muette :

— Adieu, lui disait chaque enfant,
La France reste notre mère,
Nos lèvres, malgré la frontière,
N'apprendront jamais l'allemand !

Il était depuis cinquante ans
Maître d'école du village;
On l'eût pris, à ses cheveux blancs,
Pour un patriarche en voyage.
Il ne devait plus revenir,
C'était sa dernière journée,
Un étranger allait venir
Prendre sa place abandonnée :

— Adieu, lui disait chaque enfant,
La France reste notre mère,
Nos lèvres, malgré la frontière,
N'apprendront jamais l'allemand.

Dans la classe, le lendemain
Apparut un autre visage;
Ce maître avait un livre en main
Ecrit dans un autre langage.
Quand il eut fini de parler,
Il se fit un sombre silence,
Car sa voix venait d'exiler
De ces bancs la voix de la France.

Alors un enfant se levant,
Lui dit : La France est notre mère,
Vos soldats ont tué mon père,
Je n'apprendrai pas l'allemand !

La Lettre de l'Enfant

~~~~~~~~~~~~~~~~

ON s'était battu le matin,
    Et jusqu'au soir les balles, dans la plaine,
    Avaient sifflé cet horrible refrain
De la chanson des morts. A peine
Si la lune glissait quelques pâles rayons
Dans l'ombre où se mouvait la lueur indécise
    Des torches fouillant les sillons.
    Partout du sang, la terre semblait grise,
Tant elle en avait bu, dans ce jour de combat.
Les plaintes des blessés qui râlaient dans la brise
Disaient seules qu'au loin mourait un soldat.

Lorsqu'au milieu des morts un jeune capitaine,
Dont le sang rougissait les seigles couleur d'or,
Apparut couché là... Sa mine encore hautaine
Cherchait les Allemands, les défiant encor!
Il avait dû tomber criant : « Vive la France! »
Car ses yeux étaient pleins d'amour et d'espérance.
Se découvrant alors, un soldat, de sa main,
A genoux devant lui, défit de sa tunique
La croix d'honneur, disant : « Ainsi, pour toi, demain,
Sauront mourir tes fils, ô sainte République! »
Puis, cherchant s'il avait un autre souvenir :
A l'endroit où le cœur avait cessé de battre,
Il prit à ce héros qui venait de mourir
Une lettre d'enfant qu'au moment de combattre
Il avait mise là; dans les plaintes du vent
Le soldat lut alors, d'une voix douce et lente,
A tous ses compagnons cette page touchante...
Voici ce que disait la lettre de l'enfant :

    « Père adoré, c'est pour ta fête
    Que je t'écris ce petit mot;
    Je t'embrasse et puis je souhaite
    De te revoir bientôt, bientôt.
    Hier soir ta place était vide,
    Mère pleura sur ce bouquet
    Où je cueille une fleur humide...
    N'en parle pas, c'est un secret.

    « Oui, je t'écris sans le lui dire;
    Le ballon qui te portera

Trop de baisers pour les écrire
Vers toi, j'espère, s'en ira.
Car le bon Dieu, cher petit père,
Doit protéger des ennemis
Baisers d'enfant, larmes de mère
Que cette feuille a dans ses plis.

« Comme j'allais fermer ma lettre,
Mère, pleurant sur mes cheveux,
Me dit : « Jeanne, je veux y mettre
Un mot aussi. » Ses deux grands yeux
Étaient tout pleins de grosses larmes ;
En lisant tu les trouveras.
Que Dieu favorise nos armes
Et te ramène dans nos bras! »

Le soldat s'arrêta sur la ligne où la mère
Disait avec l'enfant : « Nous t'embrassons, mon père !
    Car le plomb allemand
Trouait à cet endroit la lettre de l'enfant.

Une Tombe dans les Blés

Un jour de grand soleil, courant dans les épis,
Deux fauvettes causaient auprès d'une croix
L'une disait : Vois-tu, c'est là pour leur pays [noire
Que dix braves sont morts, j'en veux conter l'histoire.
J'étais bien jeune alors, à l'ombre des buissons
Qui bordent le chemin, sous l'aile d'une mère
Je regardais passer ces hommes, ces canons,
Dont les clairons sonnaient l'hymne de la frontière.

Dans un jour de revers, heureux celui qui tombe
Et pour toujours s'endort couché dans un sillon.
Lorsque tu voleras autour de cette tombe,
Fauvette, chante-lui ta plus douce chanson.

De tonnerre et d'éclairs tout l'horizon s'emplit,
Tout trembla sous le ciel, les oiseaux par volée,
Loin de la poudre allaient chercher un autre nid.
Ma mère et moi restions seules sous la feuillée,
Lorsque pâle et souillé, superbe en reculant,
Apparut devant nous, se soutenant à peine,
Un groupe de héros. Ils dorment maintenant
Dans ces blés où longtemps lutta leur capitaine.

Dans un jour de revers, heureux celui qui tombe
Et pour toujours s'endort couché dans un sillon.
Lorsque tu voleras autour de cette tombe,
Fauvette, chante-lui ta plus douce chanson.

Tous ils étaient blessés, leur sang jeune et vermeil
Rougissait les épis ; eux la mine hautaine,
Ils tombaient un à un dans un lit de soleil,
Sous le plomb qui frappait sur cette gerbe humaine.
Quand il ne resta plus qu'un seul de ces vaillants,
Il ouvrit sa blessure et d'un geste farouche,
Pour arracher sa poudre aux soldats allemands,
Il noya dans son sang sa dernière cartouche.

Dans un jour de revers, heureux celui qui tombe
Et pour toujours s'endort couché dans un sillon.
Lorsque tu voleras autour de cette tombe,
Fauvette, chante-lui ta plus douce chanson.

C'est là qu'ils sont couchés sous ce tertre désert,
Où nul ne vient prier pour ces martyrs superbes ;

Mais quand avril renaît, parmi le gazon vert
Il jette sa couronne en radieuses gerbes.
La blanche marguerite et les coquelicots
Viennent dans les bleuets chaque printemps éclore,
Et mêlant leurs couleurs au-dessus des héros,
Font pousser sur leur tombe un linceul tricolore.

Dans un jour de revers, heureux celui qui tombe,
Et pour toujours s'endort couché dans un sillon.
Lorsque tu voleras autour de cette tombe,
Fauvette, chante-lui ta plus douce chanson.

Le Rossignol et l'Allemand

u bord d'un champ de la frontière,
Une sentinelle à pas lents
Sous le ciel gris, d'une voix claire,
Chante l'hymne des Allemands.
Un rossignol, dans la verdure,
Sans se soucier du soldat,
Comme un écho de la nature
Répond à ce chant de combat :

— Chante, Prussien, ton air plein d'insolence,
Moi j'ai l'espoir de revoir sous les nids
Passer bientôt les filles du pays
Aux bras vainqueurs des soldats de la France.

2.

Pendant que l'oiselet roucoule,
L'Allemand dit : Nos bataillons
Ainsi qu'un noir torrent qui roule,
France, reverront tes sillons.
Nous irons fouler dans tes plaines
Les blonds épis aux gerbes d'or,
Sous nos lourdes bottes germaines...
Mais l'oiseau lui répond encor :

— Chante, Prussien, ton air plein d'insolence,
Moi j'ai l'espoir de revoir sous les nids
Passer bientôt les filles du pays
Aux bras vainqueurs des soldats de la France.

Bismarck a dit : Fils d'Allemagne,
Il reste à prendre à nos enfants
Et la Bourgogne et la Champagne,
A nous vins rouges et vins blancs.
Assez de bière de Bavière,
De Dunkerque jusqu'à Dijon
Il nous faut rougir notre verre.
Mais l'oiseau toujours lui répond :

— Chante, Prussien, ton air plein d'insolence,
Moi j'ai l'espoir de revoir sous les nids
Passer bientôt les filles du pays
Aux bras vainqueurs des soldats de la France.

Chante, chante, fils d'Allemagne,
Que l'orgueil te fasse oublier.
Quand tes frères sont en campagne,
La misère est à ton foyer.
Les corbeaux qui suivent leur trace,
Repasseront bientôt le Rhin,
Et la France, aux fils de l'Alsace,
Dira son immortel refrain :

— Chante, Prussien, ton air plein d'insolence,
Moi j'ai l'espoir de revoir sous les nids
Passer bientôt les filles du pays
Aux bras vainqueurs des soldats de la France.

La Fille d'Auberge

~~~~~~~~~~~~~~

C'ÉTAIT auprès d'une auberge d'Alsace,
Un régiment de soldats allemands
Vint à passer, ployant sous la besace,
Soudain leur chef a dit : Rompez les rangs !
Frappant alors aux volets de l'auberge :
— Holà ! crient-ils, du vin, point de répit !
Quand sur le seuil, pâle, en jupe de serge
Une servante apparut et leur dit :

— Vous qui venez réveiller ma souffrance,
Soldats du Nord, passez votre chemin.
Dans cette auberge, on ne verse du vin
    Qu'aux enfants de la France.

— Vois, nos gosiers sont remplis de poussière;
Fille, sers-nous du vin de ton pays.
Nous retournons sous le ciel de la bière,
Que de soleil nos bidons soient remplis;
— Du vin? dit-elle, oui, ma cave en est pleine,
Pas un de vous pourtant n'y touchera,
Allez, là-bas le sang rougit la plaine,
En se penchant votre lèvre y boira.

Vous qui venez réveiller ma souffrance
Soldats du Nord passez votre chemin.
Dans cette auberge, on ne verse du vin
    Qu'aux enfants de la France.

Retournez vers votre sombre patrie
Et de houblon couronnez vos héros,
Mais le raisin mûrit pour le génie,
Il reste encor des ceps sur nos coteaux.
Et la vendange en remplissant nos caves
Comme un volcan sous vos pas grondera,
Notre soleil n'éclaire pas d'esclaves,
Et notre Alsace un jour vous chassera !

Vous qui venez réveiller ma souffrance,
Soldats du Nord passez votre chemin.
Dans cette auberge on ne verse du vin
    Qu'aux enfants de la France.

Alsace et Lorraine

RANCE, à bientôt! car la sainte espérance
Emplit nos cœurs en te disant: Adieu !
En attendant l'heure de délivrance.
Pour l'avenir... nous allons prier Dieu.
Nos monuments où flotte leur bannière
Semblent porter le deuil de ton drapeau.
France, entends-tu la dernière prière
De tes enfants couchés dans leur tombeau ?

Vous n'aurez pas l'Alsace et la Lorraine,
Et malgré vous nous resterons Français ;
Vous avez pu germaniser la plaine,
Mais notre cœur, vous ne l'aurez jamais.

Eh quoi ! nos fils quitteraient leur chaumière
Et s'en iraient grossir vos régiments !
Pour égorger la France , notre mère,
Vous armeriez le bras de ses enfants !
Ah ! vous pouvez leur confier des armes,
C'est contre vous qu'elles leur serviront,
Le jour où , las de voir couler nos larmes ,
Pour nous venger leurs bras se lèveront.

Vous n'aurez pas l'Alsace et la Lorraine,
Et malgré vous nous resterons Français ;
Vous avez pu germaniser la plaine,
Mais notre cœur, vous ne l'aurez jamais.

Ah ! jusqu'au jour où , drapeau tricolore ,
Tu flotteras sur nos murs exilés ,
Frère , étouffons la haine qui dévore
Et fait bondir nos cœurs inconsolés.
Mais le grand jour où la France meurtrie
Reformera ses nouveaux bataillons ,
Au cri sauveur jeté par la Patrie ,
Hommes , enfants , femmes nous répondrons :

Vous n'aurez pas l'Alsace et la Lorraine ,
Et malgré vous nous resterons Français ;
Vous avez pu germaniser la plaine ,
Mais notre cœur, vous ne l'aurez jamais.

VILLEMER & NAZET.

Le Régiment des Morts

~~~~~~~~~~~~~

Le soir de Champigny, le roi Guillaume
écrivait à la reine Augusta : « Mes yeux
sont encore trempés de larmes; tout le
brave régiment qui portait ton nom a été
complètement anéanti et haché par la mitraille française. Trois mille Allemands
dorment ce soir dans un linceul de neige,
sur les coteaux de Champigny.
    « Prions Dieu!
                            « GUILLAUME. »

MINUIT sonne; et partout l'airain
Jette l'heure à la capitale.
Devant le palais de Berlin
S'arrête une phalange pâle :

« Qui vive? » disent les soldats
Qui nuit et jour gardent la porte;
Dans ce palais on n'entre pas.
Que voulez-vous, sombre cohorte?

— Nous allons voir notre empereur,
Répond alors chaque fantôme;
Nous sommes morts, n'ayez pas peur,
Nous voulons parler à Guillaume. »

S'écartant alors devant eux,
Le poste, glacé d'épouvante,
Voit des fantômes deux par deux
Passer la face grimaçante.
Montant les marches du palais,
Traversant les corridors sombres,
Au milieu des rangs des laquais,
On voit marcher les trois mille ombres.

— Nous allons voir notre empereur,
Redit alors chaque fantôme,
Nous sommes morts, n'ayez pas peur,
Nous voulons parler à Guillaume. »

Dans une salle où les flambeaux
Versent une rouge lumière,
Sous ses hochets impériaux,
Guillaume est là, la tête fière.

3

Le colonel, au premier rang,
Au milieu d'un morne silence,
Lui dit : « Pour ton couronnement,
Nous revenons tous de la France ! »

— Va, de ton front chasse la peur,
Dit en passant chaque fantôme,
Nous sommes morts, sois donc sans peur,
Et ne tremble pas, vieux Guillaume !

« A Champigny, sur les coteaux,
Nous dormions dans les ossuaires ;
Ce soir, au fond de nos tombeaux,
Nous avons laissé nos suaires.
On doit te recouvrir demain
Du manteau d'or de Charlemagne ;
Nous t'escorterons en chemin,
O grand empereur d'Allemagne !

« Va, de ton front chasse la peur
Dit en riant chaque fantôme,
Et vois, pour faire un empereur,
Ce qu'il faut de morts, vieux Guillaume ! »

Ne dansez plus, des Français dorment là

~~~~~~~~~~~~~~~~

'ÉTAIT la fête du village,
Sur le pré filles et garçons
Dansaient, riaient, faisaient tapage
Et jetaient au vent leurs chansons ;
Quand un soldat plein de poussière
Qui s'en retournait au pays,
Se souvint qu'en ce lieu la guerre
Avait couché bien des amis.

Alors les yeux remplis de grosses larmes,
Le vieux soldat tout ému s'écria :
— J'ai vu tomber ici mes frères d'armes,
Ne dansez plus, des Français dorment là !

C'était le soir de la bataille,
Vaincus malgré tous nos efforts,
Nos rangs fauchés comme la paille
Ne marchaient plus que sur des morts.
Dans cette herbe aujourd'hui fleurie,
Suivis par un torrent d'acier,
Quarante enfants de la Patrie
Tombèrent là jusqu'au dernier.

Levant ses yeux remplis de grosses larmes
Le vieux soldat tout ému répéta :
— J'ai vu tomber ici mes frères d'armes,
Ne dansez plus, des Français dorment là !

Ils sont tombés, sans que la France
Ait pu donner à ces vaillants
Sa glorieuse récompense,
Mais voyez dans l'herbe des champs :
La marguerite vient d'éclore,
Et de sa brillante couleur
Il semble que la fleur décore
Leur tombe d'une croix d'honneur.

Ne troublez pas la phalange endormie,
Ne dansez plus où la fleur poussera,
N'éveillez pas ces fils de la Patrie,
Découvrons-nous, des Français dorment là !

Notre Drapeau

~~~~~~~~

Un vieux sergent à la moustache grise,
Dans la chambrée un soir parlait ainsi :
— Jeunes soldats, prenez cette devise :
Tout pour la France ! et méditez ceci :
Plus le malheur a frappé sa bannière,
De ses enfants, plus l'amour doit grandir,
Plus à leur cœur elle doit être chère,
Lorsque pour elle ils n'ont plus qu'à mourir.

Dans les revers, comme dans la victoire,
Notre drapeau seul doit guider nos pas ;
Du régiment c'est l'honneur et la gloire .
Mourez, soldats, mais ne le rendez pas !

Moi j'ai vieilli sur les champs de bataille,
Depuis trente ans j'ai suivi ses couleurs,
J'ai vu ses plis troués par la mitraille,
Dans vingt combats flotter toujours vainqueurs.
Un jour de deuil on parla de le rendre,
Ce fut alors qu'un soir, devant mes yeux,
Mon colonel le réduisit en cendre,
Sauvant la honte à ses plis glorieux.

Dans les revers, comme dans la victoire,
Notre drapeau seul doit guider nos pas ;
Du régiment c'est l'honneur et la gloire :
Mourez soldats, mais le rendez pas !

Chacun de vous aux lieux de son enfance
Ira bientôt faire germer ses champs ;
Ce saint amour pour le drapeau de France,
Apprenez-le, soldats, à vos enfants.
En grandissant, qu'ils gardent la mémoire
De leurs aînés un jour tombés pour lui ;
Mais dites-leur aussi que notre histoire
Flétrit le nom de ceux qui l'ont trahi !

Dans les revers, comme dans la victoire,
Notre drapeau seul doit guider nos pas ;
Du régiment c'est l'honneur et la gloire :
Mourez, soldats, mais ne le rendez pas !

A la Baïonnette !

~~~~~~~~~~

L e commandant, un vieux brave,
Vient de dire à ses chasseurs,
Sur un ton, ma foi très grave,
En leur montrant les hauteurs :
— Allons, fistons, qu'on s'apprête,
Pas de poudre, mes lurons,
Car c'est à la baïonnette
Qu'il faut prendre ces canons !

Voyez, la montée est rude,
Mais qu'importe à des vaillants !
Vous en avez l'habitude,
Vite en marche, mes enfants !

Les clairons sonnent la charge,
Plus rapides que le vent,
Nous allons prendre le large,
Petits chasseurs, en avant !

Aussitôt, comme une trombe,
Ils s'en vont à travers champs,
En chemin si l'un d'eux tombe,
Les autres serrent les rangs.
Ils sont six cents dans la plaine,
Mais quand ils seront là-haut,
La montagne sera pleine
De leurs morts après l'assaut.

Ils montent, montent sans cesse,
Il semble que le clairon
Précipite avec ivresse
La marche du bataillon.
La mitraille sur leurs têtes
Se met à cracher la mort;
N'écoutant que les trompettes,
Les chasseurs montent encor !

Ils arrivent dans les vignes
En semant sur le chemin
De leurs morts de longues lignes,
Toujours superbes d'entrain.

En vain la mitraille tue,
Les voici près des créneaux,
Leurs fusils se font massue,
Leurs bras deviennent marteaux.

Pas un Allemand ne bouge,
Mais par le sang empourprés,
Les canons ont le flanc rouge
Comme les roses des prés.
Enfin le clairon s'arrête...
Des pièces sur les affûts
La grande voix est muette,
Car les servants ne sont plus !

Dentelé comme une scie,
L'étendard aux trois couleurs
Flotte sur la batterie,
Où sont entrés les chasseurs.
Il en reste cent cinquante,
Lorsque d'un coteau voisin,
Le plomb, comme une tourmente,
Sur leurs rangs s'abat soudain.

Leur nombre à chaque minute
Va toujours s'amoindrissant ;
Nul ne veut cesser la lutte,
Tant qu'il est encor vivant.

Mais la mitraille est plus forte,
La fonte fauche partout,
Et bientôt de la cohorte
Il n'en reste qu'un debout !

C'est le commandant sublime,
Sabre en main, et dont le corps
Semble planté sur la cime
Comme un drapeau sur les morts.
Au trépas, qui le dédaigne,
Il a l'air de faire appel,
Mais tout à coup son front saigne...
L'obus a rayé le ciel.

— Ma foi ! dit-il, pas de chance !
Et se dressant pour mourir,
Au cri de : Vive la France !
Il rend le dernier soupir.
De la légion superbe
Il ne reste plus un seul,
Ils sont tous couchés dans l'herbe,
Sous leur drapeau, fier linceul.

Mais le soir, après la classe,
Quand, ramenant les enfants,
Le maître d'école passe
Près du tombeau des vaillants.

A genoux devant la pierre
Qu'encadrent de verts rameaux,
Il fait dire une prière
Sur la tombe des héros.

— Que chacun de vous s'incline,
Dit-il à ses chers petits,
Au pied de cette colline.
La France pleure ses fils.
Que leur phalange endormie
Apprenne à vos jeunes cœurs
A mourir pour la Patrie,
Quand flotteront ses couleurs !

Les Cloches Françaises

COUTEZ ces hymnes joyeux
Dès l'aube monter vers les cieux
Sur les coteaux de la Lorraine.
Les cloches de tous les cantons
Chantent leurs joyeux carillons ;
Sur les collines, les vallons,
Elles disent à perdre haleine :

Rossignols, chantez le printemps,
Les bleuets poussent dans les champs ;
Sur les têtes des Allemands,
Nous, nous chantons des marseillaises :
Nous sommes des cloches françaises.

Par les routes de nos hameaux,
Quand défilent leurs noirs troupeaux
A travers la plaine envahie,
Nous, avec notre voix d'airain
Qui s'envole au delà du Rhin,
Nous répondons à leur refrain
Par les chants de notre patrie.

Rossignols, chantez le printemps,
Les bleuets poussent dans les champs ;
Sur les têtes des Allemands,
Nous, nous chantons des marseillaises:
Nous sommes des cloches françaises.

Quand reviendront nos bataillons,
Conduits par nos petits clairons,
A l'heure de la délivrance,
Pour les rendre victorieux,
Nous rechanterons avec eux
L'hymne immortel de leurs aïeux
Au-dessus des drapeaux de France.

Rossignols, chantez le printemps,
Les bleuets poussent dans les champs ;
Sur les têtes des Allemands,
Nous, nous chantons des marseillaises :
Nous sommes des cloches françaises.

Kléber, ne te réveille pas

Sur la place où Kléber sommeille,
Héros de bronze au regard fier,
Nuit et jour un Allemand veille
Autour de ce soldat de fer.
Mais par moments Kléber tressaille
Au pas du soudard allemand,
Et son vieux sabre de bataille
A l'air de crier : En avant !

O Kléber, endors-toi sur ton socle de pierre,
Dans Strasbourg, l'Allemand marque encore le pas ;
Sur nos remparts en deuil flotte encor sa bannière,
    Kléber, ne te réveille pas !

Fière sentinelle de France,
Son œil est fixé sur Berlin ;
Mais rien ne trouble le silence
Au pied du fantôme d'airain.
Ni le bruit du clairon sonore,
Ni les sourds accents des tambours,
L'heure n'est pas venue encore
De chasser les sombres vautours.

O Kléber, endors-toi sur ton socle de pierre,
Dans Strasbourg, l'Allemand marque encore le pas ;
Sur nos remparts en deuil flotte encor sa bannière,
    Kléber, ne te réveille pas !

Vaillant soldat de la patrie,
Il attend le jour où nos fils
Iront dans l'Alsace envahie
Planter le drapeau du pays.
Pendant que la cloche française
Sonnera l'hymne que l'on sait,
Nous, aux sons de la *Marseillaise*,
Nous te dirons : Kléber, c'est fait.

O fier soldat, descends de ton socle de pierre,
Strasbourg est reconquis, au sommet du beffroi,
Pour voir flotter encore au vent notre bannière,
    Kléber, debout, réveille-toi !

La Mort de Gavroche

ENANT de l'autre bord du Rhin,
Un régiment de l'Allemagne
Près d'un bois du pays lorrain
Fait une marche de campagne.
Un enfant dans les blés fleuris
Surgit, sifflant la *Marseillaise* :
« Va-t'en siffler dans ton pays,
Dit le Prussien, bouche française ! »

Riant au nez de l'Allemand
Qui baragouine une insolence :
Lève tes pieds, répond l'enfant,
Et tâche donc d'être élégant
Comme les pioupious de la France.

— La France! mais elle est à nous,
Nous la mettrons dans nos gibernes,
Ainsi que ses fameux pioupious
Qu'on voit traîner dans ses casernes.
Les ceps des coteaux bourguignons,
Les blés dorés de la Champagne,
Tout ça, petit, nous le prendrons
Pour arrondir notre Allemagne.

— Je suis un enfant de Paris,
Dit le gamin plein d'assurance.
Avant de prendre mon pays,
Va voir à Iéna si j'y suis,
Apprendre l'histoire de France.

— Ta *Marseillaise*, on la chantait
Un soir sur les bords de la Loire;
C'était au fond d'un cabaret,
Le lendemain d'une victoire,
Les Français, par tous les chemins,
Fuyaient devant notre bannière;
Le chanteur avec ses refrains
Dort maintenant au cimetière.

— C'était mon frère, dit l'enfant,
De le venger, j'ai l'espérance.
Je serai soldat, étant grand,
Malheur à ta mère, Allemand,
Si jamais je te pige en France! »

Le régiment disparaissait
Sous la ramure printanière,
Sur les casques se déployait
Des Prussiens la sombre bannière.
En la voyant au vent flotter,
Réveillant sa blague française,
Gavroche se mit à chanter
Le refrain de la *Marseillaise*.

— A genoux, lui dit l'Allemand,
Devant le drapeau qui s'avance !
— Vise-moi bien, lui dit l'enfant,
Voici mon cœur et y a du sang :
Je t'em.....! Vive la France !

Le Défilé

LA lune monte en blanchissant la plaine,
Sur les hauteurs, immobiles, muets,
Les montagnards retiennent leur haleine
Et de la nuit ils sondent les secrets.
Un cri, soudain, retentit dans l'espace;
Le roc alors croule sous mille mains.
Alerte, tous! c'est l'Allemand qui passe,
Malheur à lui s'il franchit nos chemins.

Ils trouveront la mort dans ce défilé sombre,
Nul ne les reverra s'élancer aux combats
Ils chercheront en vain leurs bataillons sans nombre,
Dans nos vallons rougis du sang de leurs soldats.

Dans la vallée, un long cri d'épouvante
A répondu ; puis, aux flancs du rocher,
Pour mieux gravir la montagne géante,
Chaque Allemand tente de s'accrocher.
Efforts perdus, toute pierre qui tombe
Aux ennemis creuse un cercueil nouveau
Et le vallon n'est bientôt qu'une tombe
Où la nuit sombre étend son noir manteau.

Ils trouveront la mort dans ce défilé sombre,
Nul ne les reverra s'élancer aux combats,
Ils chercheront en vain leurs bataillons sans nombre,
Dans nos vallons rougis du sang de leurs soldats.

Quand le soleil éclaira la campagne,
Les Allemands dormaient sur les chemins,
Tous étendus au pied de la montagne,
Leur sang vermeil inondait les ravins.
Sur les hauteurs, les montagnards farouches
Les regardaient et, dans l'immensité,
On entendit, poussé par mille bouches,
Monter au ciel un chant de liberté.

Ils ont trouvé la mort dans ce défilé sombre,
Nul ne les reverra s'élancer aux combats,
Ils chercheront en vain leurs bataillons sans nombre,
Dans nos vallons rougis du sang de leurs soldats.

Petits Enfants, ne vous enfuyez pas

~~~~~~~~~~~

DEVANT la porte d'une école,
   A l'heure où sortaient les enfants,
   L'œil hagard, une pauvre folle
Se glissait le long de leurs rangs.
Chaque petit à tête blonde,
Que son regard épouvantait,
En pleurant fuyait à la ronde
Pendant que la folle disait :

Vous ressemblez à celui que je pleure,
   La France un jour le prit pour les combats;
C'est en vain que je crois entendre au loin ses pas.
Je suis seule toujours au seuil de ma demeure,
   Petits enfants, ne vous enfuyez pas !

Comme vous, il était tout rose
Quand je guidais ses premiers pas,
Jamais sa bouche n'était close
Quand je le berçais dans mes bras.
Sur mes lèvres, sans rien me dire,
Ses lèvres venaient se poser,
Et j'avais son premier sourire
En prenant son premier baiser.

Vous ressemblez à celui que je pleure.
La France un jour le prit pour les combats ;
C'est en vain que je crois entendre au loin ses pas.
Je suis seule toujours au seuil de ma demeure,
Petits enfants, ne vous enfuyez pas !

Ce fut un soir, loin du village,
Qu'il est tombé dans un sillon,
Au milieu d'un sombre carnage,
Le premier de son bataillon.
Sur l'herbe verte, auprès d'un hêtre
Que de son sang il rougissait,
Hélas ! il m'appelait peut-être
Pendant que la mort l'emportait.

Vous ressemblez à celui que je pleure,
La France un jour le prit pour les combats ;
C'est en vain que je crois entendre au loin ses pas.
Je suis seule toujours au seuil de ma demeure,
Petits enfants, ne vous enfuyez pas.

Il dort dans un pré de l'Alsace,
Que le printemps couvre de fleurs,
Et moi j'ignore encor la place
Où je dois répandre mes pleurs.
Ayez pitié de ma misère,
Petits, donnez en vous sauvant
Un sourire à la pauvre mère
Qui cherche en pleurant son enfant.

Vous ressemblez à celui que je pleure,
La France un jour le prit pour les combats ;
C'est en vain que je crois entendre au loin ses pas.
Je suis seule toujours au seuil de ma demeure,
Petits enfants, ne vous enfuyez pas.

Les Hirondelles Françaises

~~~~~~~~~~~~~~~~

Nous ramenant les lilas sous leurs ailes,
Et du printemps annonçant le retour,
Hier j'ai vu passer les hirondelles
Sur les canons des créneaux de Strasbourg.
Elles venaient d'un bien lointain voyage
Vers l'ancien nid chercher, comme autrefois,
Pour leurs chansons un peu d'herbe et d'ombrage,
Et du soleil sur le bord de nos toits.

Cherchant en vain le drapeau de la France,
Dont les couleurs illuminaient nos tours,
J'ai vu s'enfuir l'oiseau de l'espérance,
Car l'hirondelle évite les vautours.

Elles cherchaient dans la cité française
Le toit sacré qui vit naître Kléber,
Mais le refrain de notre Marseillaise,
Comme autrefois ne vibrait plus dans l'air.
Les flots du Rhin reflétaient la bannière
Des lourds Germains couchés près des canons;
La ville en deuil semblait un cimetière
Où sur les morts veillaient leurs bataillons.

Cherchant en vain le drapeau de la France,
Dont les couleurs illuminaient nos tours,
J'ai vu s'enfuir l'oiseau de l'espérance,
Car l'hirondelle évite les vautours.

Quittant alors les cimes désolées,
Elles cherchaient la France dans nos champs;
Mais sous leur vol un instant arrêtées,
Toujours, toujours des drapeaux allemands.
Vers l'horizon reprenant leur volée,
Elles ont fui les clairons du vainqueur;
Suivant au loin leur troupe ensoleillée,
Vers ton ciel bleu, France, volait mon cœur.

Cherchant en vain le drapeau de la France
Dont les couleurs illuminaient nos tours
J'ai vu s'enfuir l'oiseau de l'espérance,
Car l'hirondelle évite les vautours.

Vous reviendrez chanter sur nos tourelles,
La France un jour saura briser nos fers,
Et pour vos nids, ô chères hirondelles,
Nos bois alors auront des rameaux verts.
En attendant que l'Alsace bannie
Puisse revoir flotter les trois couleurs,
Allez redire à la mère Patrie
Que nous portons son drapeau dans nos cœurs.

Vous reviendrez, soldats de l'Espérance,
Planter vos nids aux sommets de nos tours :
A l'ombre un jour du drapeau de la France,
Vous chasserez à jamais les vautours.

Le Vin de la Revanche

LE soleil est chaud, le raisin
Noircit la pente des collines,
Il semble que le bois du vin
Craque sous les grappes divines.
Partout la vigne refleurit,
Voyez, le vigneron se penche.
Vive Dieu ! faisons aujourd'hui
La vendange de la revanche.

Taïaut! taïaut! le jour viendra
Où des loups nous ferons la chasse;
Français, nous boirons ce vin-là
Quand nous aurons repris l'Alsace

J'ai planté ce cep merveilleux
Vers la fin de la sombre guerre,
De nos fils le sang généreux
En avait arrosé la terre.
Il s'éleva superbement
Sous le soleil et sous la pluie,
Maintenant il est fort et grand
Comme le cœur de ma patrie.

Taïaut ! taïaut ! le jour viendra
Où des loups nous ferons la chasse ;
Français, nous boirons ce vin-là
Quand nous aurons repris l'Alsace.

Dans le meilleur coin du cellier
Nous le rangerons par futailles,
Il y restera prisonnier
Jusqu'au jour des grandes batailles.
Alors à nos soldats nouveaux
Qui ramèneront la victoire,
Je dirai : Videz mes tonneaux,
Voilà pour payer votre gloire.

Taïaut ! taïaut ! le jour viendra
Où des loups nous ferons la chasse ;
Français, nous boirons ce vin-là
Quand nous aurons repris l'Alsace.

Là-bas, sur l'autre bord du Rhin,
Bismarck, à l'ombre d'un vieux chêne,
Rêve à l'avenir incertain,
En vidant une chope pleine.
Il pense à nos crus bourguignons,
Aux raisins blonds de la Champagne ;
Il se dit : Mieux que mes canons
Ils enrichiraient l'Allemagne.

Bismarck, nos mains t'en offriront
A boire une fameuse tasse,
Le jour où nos fils planteront
Les drapeaux français en Alsace !

Le Sabre du Cuirassier

~~~~~~~~~~~~~~~~

PRÈS de son brasier qu'il allume,
Pendant la nuit un forgeron
Fait rougir du fer pour l'enclume,
Quand sur le seuil de sa maison
Un cuirassier de grande taille
Lui dit: L'homme, arrête un moment,
Je m'en retourne à la bataille,
Redresse mon sabre à l'instant.

Ecoute courir sur la plaine
La voix de cuivre des clairons,
Bientôt la route sera pleine
Du sang de nos fiers escadrons.

Nous combattons contre une armée
Pour sauver les fils du pays,
Et nous allons dans la fumée
Chercher les canons ennemis.
Demain sur l'acier de nos lames,
Lorsque le soleil brillera,
Inondant l'azur de ses flammes,
Pas un de nous ne le verra.

Ecoute courir sur la plaine
La voix de cuivre des clairons,
Bientôt la route sera pleine
Du sang de nos fiers escadrons.

Avec sa lame redressée
Sur son cheval il remonta,
Puis dans une course insensée
A la bataille il retourna.
En entendant sur les cuirasses
Sonner les pas de son coursier,
On eût dit qu'à certaines places
Dans l'herbe poussait de l'acier.

On n'entendait plus sur la plaine
La voix de cuivre des clairons,
Mais la route était toute pleine
Du sang vermeil des escadrons

Le Noël des petits Alsaciens

DEUX petits enfants de l'Alsace,
En entendant tinter minuit
S'éveillent, quand sur la grand'place,
Passe la patrouille de nuit.
Pendant que par la ville sombre
Marchent les lourds soldats germains,
Les petits à genoux dans l'ombre
Murmurent en joignant les mains :

— Noël, de l'Alsace-Lorraine
Chasse les soldats allemands,
Et que ta main bientôt ramène
A la France tous ses enfants.

Une vierge en sa chambre blanche,
Ecoutant résonner leurs pas,
Ouvre sa fenêtre et se penche
Pour les maudire encor tout bas.
Celui qu'elle aime, à la Patrie
Est parti pour offrir son sang,
Devant la patrouille ennemie
Elle pleure et dit en priant:

— Noël, de l'Alsace-Lorraine
Chasse les soldats allemands,
Et que ta main bientôt ramène
A la France tous ses enfants.

Deux vieillards assis près de l'âtre,
Evoquant un cher souvenir,
Disent: Jadis, nous étions quatre
A table pour nous réjouir.
Pour te défendre, ô vieille Alsace!
Nos fils sont morts sous tes sapins.
Et lorsque la patrouille passe
Les vieillards se serrent les mains.

— Noël, de l'Alsace-Lorraine
Chasse les soldats allemands,
Et que ta main bientôt ramène
A la France tous ses enfants.

Pendant ce temps, par la campagne,
Pour consoler les malheureux,
Malgré les soldats d'Allemagne
Noël s'en va frapper chez eux.
Sous chaque toit laissant sa trace,
Lui qui nargue nos fiers vainqueurs,
Dans les petits sabots d'Alsace
Met des drapeaux aux trois couleurs.

— Noël de l'Alsace-Lorraine,
Riant des soldats allemands,
S'en va par les bois et la plaine,
France, consoler tes enfants.

Le toste d'une Française

ÉTAIT au milieu d'un banquet,
Sur un sol ami de la France;
L'artiste que l'on y fêtait
Dit : « Messieurs, malgré la distance,
Mon pays est toujours présent
A ma pensée, à ma mémoire;
Avant de boire à mon talent,
C'est à la France qu'il faut boire !

« Pour me plaire, trinquez bien fort,
Mon cœur en tressaillira d'aise;
Le vieux coq gaulois n'est pas mort,
A mon pays buvez d'abord,
Car, avant tout, je suis Française. »

Aux pieds de la muse aux sons d'or
Chacun apportait son hommage;
Des fleurs toujours, des fleurs encor,
Partout des fleurs sur son passage.
Quand une fillette aux yeux bleus,
Enfant de l'Alsace bannie,
Dit : « Madame, dans vos cheveux
Placez ces fleurs de la Patrie. »

En essuyant ses yeux en pleurs,
L'artiste dit : Ne vous déplaise,
Messieurs, je porterai ces fleurs,
Car ce sont les chères couleurs
De notre bannière française. »

Tous les convives l'acclamant
Saluèrent la tragédienne;
Mais à ce toste, cependant,
Un seul garda sa coupe pleine,
Lourd diplomate aux cheveux blonds,
Rempli de morgue et d'insolence :
« Soit, dit-il, réconcilions
Ce soir l'Allemagne et la France!

— Monsieur, vous êtes Allemand,
Dit l'artiste en se reculant,
Tant mieux pour vous, j'en suis fort aise;

Mais mon verre est plus exigeant:
En fait de langue, il ne comprend
Que celle qu'on parle en chantant
Le refrain de la *Marseillaise*. »

Lorraine et France

~~~~~~~~~~~~~~~

Sur la grand'route d'un village
Passaient des tambours allemands ;
De l'école du voisinage
Revenaient de petits enfants.
Devant la fanfare guerrière,
Crânes ils défilaient au pas,
Lorsque l'un d'eux d'une voix fière
Dit en regardant les soldats :

« Passez, passez, ennemis de la France,
Peuplez nos forts de sombres régiments,
Nous grandissons et gardons l'espérance
D'arracher la Lorraine aux vautours allemands.

« Oui, pour délivrer la Lorraine
La France armera ses enfants,
Votre sang rougira la plaine
Vos chairs engraisseront nos champs.
Des sommets de nos cathédrales
Tomberont vos drapeaux de deuil,
Et vos rangs, fauchés sous nos balles,
S'aligneront pour le cercueil.

« Passez, passez, ennemis de la France,
Peuplez nos forts de sombres régiments,
Nous grandissons et gardons l'espérance
D'arracher la Lorraine aux vautours allemands.

« Les femmes de votre patrie
Chercheront vos tombeaux en vain,
Ils peupleront chaque prairie,
Ils combleront chaque ravin.
De la vieille terre allemande
Monteront d'immenses sanglots,
L'hécatombe sera si grande
Qu'elle empourprera nos ruisseaux.

« Passez, passez, ennemis de la France,
Peuplez nos forts de sombres régiments,
Nous grandissons et gardons l'espérance
D'arracher la Lorraine aux vautours allemands.

« Nos soldats, de vos capitales
Reprendront un jour le chemin,
Et dans leurs marches triomphales
Vengeront Paris sur Berlin.
Allez, serrez plus fort la chaîne,
Brisez notre poignet sanglant,
Dans notre cœur semez la haine,
Vos fils récolteront du sang.

« Passez, passez, ennemis de la France,
Peuplez nos forts de sombres régiments,
Nous grandissons et gardons l'espérance
D'arracher la Lorraine aux vautours allemands. »

Vous entendrez encor la Marseillaise

~~~~~~~~~~~~~~~~~

ᴇs repus, les gavés, les soupeurs du grand seize
Ont crié : c'est assez de chants sur l'Allemand!
On nous a trop souvent braillé la Marseillaise,
Nous voulons rire, il faut du comique à présent.
Non, messieurs les gommeux, vous l'entendrez encore
Cette chanson qui dit le refrain des combats;
Vous saluerez ce chant au drapeau tricolore,
Car nous vous forcerons à mettre chapeau bas !

Gommeux, ne raillez pas nos chants patriotiques,
C'est avec ces chants-là que jadis nos drapeaux
Ont fait le tour du monde, et que les républiques
Coucheront d'ici peu les rois dans leurs tombeaux.

6.

Tant que Strasbourg verra la bannière allemande
Flotter comme un linceul au-dessus de ses tours,
Nos âmes garderont la haine sainte et grande,
Et nos bras apprendront à chasser les vautours.
Vous pouvez oublier dans quelques nuits d'orgie
Le soufflet que vos fronts ont reçu des vainqueurs,
Mais chez nous chaque jour le deuil de la patrie
S'enfonce plus avant dans le fond de nos cœurs.

Gommeux, ne raillez pas nos chants patriotiques,
C'est avec ces chants-là que jadis nos drapeaux
On fait le tour du monde, et que les républiques
Coucheront d'ici peu les rois dans leurs tombeaux.

Ce chant, nous l'apprendrons aux petits des écoles,
Sur son rythme entraînant ils marcheront au pas ;
Viveurs, cela vaut mieux que vos refrains frivoles,
Par lui dans l'avenir nous aurons des soldats.
C'est avec ce chant-là, France républicaine,
Que nous ferons cesser le deuil de tes enfants,
Et que nous reprendrons l'Alsace et la Lorraine
En chassant de ton sol tous les loups allemands.

Gommeux, ne raillez pas nos chants patriotiques,
C'est avec ces chants-là que jadis nos drapeaux
Ont fait le tour du monde, et que les républiques
Coucheront d'ici peu les rois dans leurs tombeaux.

Réponse aux Maîtres d'école Allemands

~~~~~~~~~~~~~~~~

Vous apprenez, dit-on, aux enfants, dans vos classes,
La haine de la France, ô maîtres allemands!
Le cœur rempli d'orgueil, au milieu de vos places
Vous leur montrez du doigt vos bronzes insolents.
Vos petits grandiront, et dans leurs cœurs la haine
Germera contre nous, mais l'écolier français
Aussi se souviendra de l'Alsace-Lorraine
Et du sol où son père est couché pour jamais!

En attendant la délivrance,
Ensemble nous faisons serment
De n'apprendre aux fils de la France
Que la haine de l'Allemand!

Vous leur dites : La France est un pays fertile
Où la vigne est superbe, où riche est la moisson,
Notre soleil est froid, notre sol est stérile
Et votre avidité dicte chaque leçon.
Nous, nos enfants sauront que la revanche est sainte,
Que Strasbourg est française en dépit de vos forts.
Du sang de nos aïeux nos fronts gardent l'empreinte
Et le bras de nos fils saura venger les morts.

En attendant la délivrance,
Ensemble nous faisons serment
D n'apprendre aux fils de la France
Que la haine de l'Allemand.

Chaque carte de France, avec sa marque noire
Porte encore le deuil de nos anciens pays;
Nous ne l'effacerons qu'avec une victoire,
Lorsqu'enfin nos fusils vous les auront repris.
Chantez donc votre gloire au milieu des kermesses,
Envoyez vos espions rôder sur le chemin,
Forgez de lourds canons, dressez des forteresses,
Nous apprenons aussi la route de Berlin.

En attendant la délivrance,
Ensemble nous faisons serment
De n'apprendre aux fils de la France
Que la haine de l'Allemand.

Les Loups de Berlin

Sur les champs, voici que la neige
Tisse un linceul à nos sapins,
L'hiver revient et son cortège
Blanchit la mousse des chemins.
Au fond de la forêt profonde
Cheminent des bandes de loups,
Leurs éclaireurs vont à la ronde
Pour leur préparer de bons coups.

Voici les loups de l'Allemagne,
Chassés de chez eux par la faim,
Qui descendent dans la campagne.
Aux armes! Sonnons le tocsin,
Voici les vieux loups de Berlin.

Afin de mieux guetter leur proie,
Ils se cachent sous les sapins ;
Ces loups que le Rhin nous envoie
Regrettent les larges festins ;
Lorsque sur la France affolée,
Défendant sa chair en lambeaux,
Ils s'élançaient à la curée,
Disputant leur part aux corbeaux.

Voici les loups de l'Allemagne,
Chassés de chez eux par la faim,
Qui descendent dans la campagne.
Aux armes ! Sonnons le tocsin,
Voici les vieux loups de Berlin.

De nos moissons ils sont avides,
Il est chez nous de beaux butins ;
Tandis que leurs greniers sont vides,
Nous semons l'or à pleines mains.
Par une sanglante ironie,
Les milliards qu'ils ont emportés
Reviennent dans notre patrie
Enrichir encor nos cités.

Voici les loups de l'Allemagne,
Chassés de chez eux par la faim,
Qui descendent dans la campagne.
Aux armes ! Sonnons le tocsin,
Voici les vieux loups de Berlin.

Alerte! et que le cri d'alarme
Eclate partout à la fois,
Que chacun, saisissant une arme
Fouille les routes et les bois;
Que nul d'eux n'échappe à nos haines,
Courons sus à leurs noirs troupeaux,
Et que les sillons de nos plaines
Demain leur servent de tombeaux.

Voici les loups de l'Allemagne,
Chassés de chez eux par la faim,
Qui descendent dans la campagne.
Aux armes! Sonnons le tocsin,
Voici les vieux loups de Berlin.

L'Anniversaire du Combat

A TRAVERS les bluets émaillant la prairie, [lents,
Dans un champ de l'Alsace une femme à pas
S'approche d'une croix qui dans l'herbe fleurie
Recouvre le tombeau d'un de nos combattants.
De la mort d'un soldat fêtant l'anniversaire,
Elle vient en pleurant, un bouquet à la main,
Vers la place où son fils à la dernière guerre
A trouvé le trépas sur le bord d'un chemin.

Auprès de ce cercueil d'un soldat de la France,
Rossignols et pinsons, suspendez un instant,
Sous les rameaux d'avril, vos doux chants d'espérance,
Car une mère est là pleurant sur son enfant.

C'était un cœur de feu, dans ses yeux noirs superbes
La flamme du génie avait mis son éclat,
Et son front aujourd'hui repose sous les herbes
Qui fleurissent encor sur le champ du combat.
O boulet assassin, morceau de plomb stupide,
Aveugle meurtrier dont la guerre est le nom,
Sois maudit, noir vautour de sang toujours avide,
Toi qui fais de nos fils de la chair à canon !

Auprès de ce cercueil d'un soldat de la France,
Rossignols et pinsons, suspendez un instant,
Sous les rameaux d'avril vos doux chants d'espérance,
Car une mère est là pleurant sur son enfant.

Autrefois pour sauver sa trop frêle jeunesse,
Je l'avais défendu vingt fois contre la mort,
Autour de son berceau j'avais veillé sans cesse.
Pour toujours maintenant ici, c'est lui qui dort.
Obscur soldat couché sous la terre muette,
Il repose étendu dans les plis du drapeau,
Et moi, chaque printemps je reviens pour sa fête
D'une gerbe de fleurs couronner son tombeau.

Auprès de ce cercueil d'un soldat de la France,
Rossignols et pinsons, suspendez un instant
Sous les rameaux d'avril, vos doux chants d'espérance,
Car une mère est là pleurant sur son enfant.

7

La Ville morte

~~~~~~~~~~~~~~~~

Tout est triste et silencieux,
C'est qu'un deuil plane sur la ville ;
On voit rouler dans tous les yeux
Une larme sombre et tranquille.
Point de menaces ni de cris,
Devant leur lugubre bannière,
Ils doivent croire qu'ils ont mis
Les pieds dans un grand cimetière.

France, pour venger tes malheurs,
On voit se fermer chaque porte,
Et lorsqu'ils passent, tes vainqueurs
On dirait que la ville est morte.

Partout où marchent leurs soldats
Déserte le cœur de la France,
Ils n'entendent sonner leurs pas
Que dans le deuil et le silence.
Sur les pavés de la cité,
Quand s'en vont leurs patrouilles sombres,
Même au grand soleil de l'été
On croirait voir passer des ombres.

France, pour venger tes malheurs,
On voit se fermer chaque porte,
Et lorsqu'ils passent tes vainqueurs,
On dirait que la ville est morte.

Ils ont des flancs de leurs canons
Pu couvrir la ville de fonte,
Sur nos murs et sur nos bastions
Planter le drapeau de la honte ;
Défendre à nos petits enfants
De parler français dans leur classe,
Mais ils n'ont pas fait d'Allemands
Parmi les Français de l'Alsace.

France, pour venger tes malheurs,
On voit se fermer chaque porte,
Et lorsqu'ils passent, tes vainqueurs,
On dirait que la ville est morte.

La Taverne prussienne

Au fond d'un faubourg de Berlin,
Dans une taverne allemande,
Un Français demandant du vin,
Voit ricaner à sa demande.
Dans la salle où trente soldats
Fument en buvant de la bière,
Il entend railler nos combats
Et notre ancien hymne de guerre.
Mais il s'écrie alors : Mettez vos casques bas.

Ne vous souvient-il plus de l'an quatre-ving-treize,
Quand vos drapeaux fuyaient devant nos régiments?
Tant que je serai là, Prussiens je vous défends
De blaguer notre Marseillaise.

— Ta Marseillaise, on la connaît,
Dit l'un des guerriers à lunettes,
Car mon régiment la jouait
Jadis devant vos baïonnettes.
— Bientôt, réplique le Français,
Prussiens, vous l'entendrez encore ;
Elle ébranlera vos palais
Au bruit de son rythme sonore,
Et chassera les loups au fond du bois épais.

Ne vous souvient-il plus de l'an quatre-vingt-treize,
Quand vos drapeaux fuyaient devant nos régiments?
Tant que je serai là, Prussiens, je vous défends
   De blaguer notre Marseillaise.

Vous serez moins fiers qu'autrefois,
Alors, que braves par le nombre,
Contre un soldat vous étiez trois,
Héros, qui toujours cherchiez l'ombre.
Peut-être, alors comme jadis,
Vous ne ferez plus les bravaches;
Quand nous serons dix contre dix,
Nous verrons bien où sont les lâches !
A ce jour-là, je bois le vin de mon pays !

Ne vous souvient-il plus de l'an quatre-vingt-treize,
Quand vos drapeaux fuyaient devant nos régiments ?
Tant que je serai là, Prussiens, je vous défends
   De blaguer notre Marseillaise.

La Défense du Drapeau

C'ÉTAIT un soir, au coin d'un bois,
Des enfants de la République
Luttaient encore un contre trois
Avec une valeur antique.
Les Allemands les débordaient,
Mais qu'importait à leur vaillance,
Toujours leurs fusils répondaient
Aux envahisseurs de la France.

C'est un sergent à cheveux blancs
Qui m'a raconté cette histoire ;
Mais il est mort depuis longtemps.
Français, buvons à sa mémoire.

Le fer pleuvait sur ces vaillants.
Leur sang rougissait les broussailles;
Malgré la mort toujours leurs rangs
Se reformaient sous les mitrailles.
Vainement l'ennemi chargeait
Sur ce groupe affolé d'audace,
Chaque fois qu'un soldat tombait
Un autre reprenait sa place.

C'est un sergent à cheveux blancs
Qui m'a raconté cette histoire;
Mais il est mort depuis longtemps.
Français, buvons à sa mémoire.

Leur drapeau noirci, déchiré,
Dominait ce groupe superbe ;
Dans vingt bras il avait passé,
Tous ses gardiens dormaient dans l'herbe.
Ils n'étaient que dix contre cent,
Pourtant nos fils luttaient encore,
Car dans la main du vieux sergent
Flottait le lambeau tricolore.

C'est un sergent à cheveux blancs
Qui m'a raconté cette histoire;
Mais il est mort depuis longtemps.
Français, buvons à sa mémoire.

Lorsque la lune au firmament
Montra sa lueur incertaine,
Un seul brave restait vivant
Debout sur la montagne humaine.
Calme sur ce rempart de morts,
Fier débris d'un duel immense,
Dans l'ombre se dressait son corps
Portant les couleurs de la France.

La lune sur ses cheveux blancs
Mettait comme un rayon de gloire;
Mais il est mort depuis longtemps.
Français, saluons sa mémoire !

Le Régiment qui passe

~~~~~~~~~

ÉCOUTEZ sonner les trompettes,
La rue est pleine de soldats,
Auprès de ces files muettes,
Hommes, enfants marchent au pas.
Les fenêtres du voisinage
S'ouvrent à la voix des tambours ;
Pour se ranger sur leur passage
La foule descend des faubourgs.

Enfants, suivez au pas le régiment qui passe,
Vous serez des soldats quand vous aurez vingt ans,
Et chacun dans ses rangs devra prendre une place
Lorsque la France aura besoin de combattants.

Une femme en sa robe noire
Se souvient, les suivant de l'œil,
Que la défaite ou la victoire
Habille les mères de deuil:
— Ah! dit-elle en voyant leurs armes,
Toujours des drapeaux, des fusils,
O mères, préparez vos larmes,
On va vous emmener vos fils !

Enfants, suivez au pas le régiment qui passe,
Vous serez des soldats quand vous aurez vingt ans,
Et chacun dans ses rangs devra prendre une place
Lorsque la France aura besoin de combattants.

Un vieillard qui, par la fenêtre,
Contemple ces fiers bataillons,
Sent passer comme du salpêtre
Dans son cœur, au son des clairons.
Il a servi dans sa jeunesse
Le drapeau de ce régiment ;
Courbé par l'âge il se redresse
Pour mieux leur crier : En avant !

Enfants, suivez au pas le régiment qui passe,
Vous serez des soldats quand vous aurez vingt ans,
Et chacun dans ses rangs devra prendre une place
Lorsque la France aura besoin de combattants.

Les deux Compagnons d'armes

C'ÉTAIT sur un champ de bataille
Les soldats cherchaient les blessés,
Lorsqu'auprès d'un pan de muraille
Ils virent deux corps enlacés.
On devinait qu'au moment même
Où le plomb les avait frappés,
C'est dans cette étreinte suprême
Que tous deux ils étaient tombés.

Honneur à ces fils de la France,
Tombés tous deux pour sa défense;
Gloire à ces martyrs inconnus
Et vivent ceux qui ne sont plus !

Ils étaient du même village,
Ils s'aimaient déjà tout petits,
Tous deux avaient même courage,
Aussi même amour du pays.
Quand la France, vers la frontière
Poussa le bronze des canons,
Tous deux sous la même bannière
Avaient suivi nos bataillons.

Honneur à ces fils de la France,
Tombés tous deux pour sa défense ;
Gloire à ces martyrs inconnus
Et vivent ceux qui ne sont plus !

Obscurs soldats de la patrie,
Perdus au revers d'un coteau,
Ils dorment sous l'herbe jaunie,
Loin de la cloche du hameau.
Là-bas, quand reviendront les autres,
Ils diront : Enfants grandissez,
Comptez ceux qui manquent des nôtres,
Un jour vous les remplacerez.

Honneur à ces fils de la France,
Tombés tous deux pour sa défense ;
Gloire à ces martyrs inconnus
Et vivent ceux qui ne sont plus !

La Mère du Montagnard

MON fils, entends leurs chevaux dans la plaine,
Les Allemands ont couvert notre sol,
Sur nos chemins, comme une mer humaine
Leurs escadrons ont abattu leur vol.
Chaque habitant de nos vertes vallées
Cherche un refuge auprès des montagnards,
Regarde au loin nos routes désolées
Où sous le ciel brillent leurs étendards.

Adieu, mon fils, quitte notre chaumière,
Vole au combat, montagnard indompté,
De ton pays entends le cri de guerre;
Va-t'en mourir pour notre liberté.

Entends déjà le sifflement des balles,
L'écho redit le chant de leurs soldats ;
Vois dans les airs flamboyer ces spirales,
De nos hameaux les toits brûlent là-bas.
Allez, brûlez, saccagez la campagne,
Bientôt viendra l'heure du châtiment,
Car à nos fils il reste la montagne,
Aucun de vous n'y montera vivant.

Adieu, mon fils, quitte notre chaumière,
Vole au combat, montagnard indompté,
De ton pays entends le cri de guerre ;
Va-t'en mourir pour notre liberté.

Jadis ton père, à cette même place,
Reçut un jour ce fusil de ma main,
Son plomb vingt fois a traversé l'espace,
Couchant toujours les leurs sur le chemin.
Quand vint le soir, la poitrine sanglante,
Près de cet arbre il mourut dans mes bras,
En murmurant de sa voix expirante :
« Dis à mon fils de venger mon trépas ! »

Adieu, mon fils, quitte notre chaumière,
Vole au combat, montagnard indompté,
De ton pays entends le cri de guerre ;
Va-t'en mourir pour notre liberté.

Le fils de l'Allemand

~~~~~~~~~~~~~~~~

PRÈS de la nouvelle frontière
Un officier s'est arrêté,
A la porte d'une chaumière
Il frappe avec anxiété.
Une femme, dont la mamelle
Allaite un gentil chérubin,
Ouvre en demandant : Qui m'appelle?
Et voit l'uniforme prussien.

Femme, dit l'officier, écoute ma prière :
Pour lui donner ton lait je t'apporte un enfant,
Dis-moi si tu consens à lui servir de mère,
Moi je suis un soldat du pays allemand.

Ce fils, sur la terre lorraine
M'est né d'hier, et sans compter
Je paierai tes soins et ta peine,
Car je suis tout seul à l'aimer.
Vois, sa figure est rose et blonde,
Tu peux le sauver du trépas ;
Sa mère en le mettant au monde
Vient de mourir entre mes bras.

Femme, dit l'officier, écoute ma prière :
Pour lui donner ton lait, je t'apporte un enfant,
Dis-moi si tu consens à lui servir de mère,
Moi, je suis un soldat du pays allemand.

— J'avais un fils, dit la lorraine,
Blond chérubin comme le tien,
Mon homme et moi tenions la plaine
Devant un régiment prussien ;
Quand tes soldats, soûls de carnage,
Mirent le feu dans mon hameau,
Et sans pitié pour son jeune âge
Tuèrent l'enfant au berceau.

Va, passe ton chemin, ma mamelle est française,
N'entre pas sous mon toit, emporte ton enfant,
Mes garçons chanteront plus tard la Marseillaise :
Je ne vends pas mon lait au fils d'un Allemand !

La Sainte - France

L E village est rempli de fleurs,
Pourtant les cloches sont muettes
Des ceintures aux trois couleurs
Entourent la taille aux fillettes.
C'est la fête, mais de qui donc ?
Disent les petits dans leur classe,
Au vieux maître qui leur répond :
Aujourd'hui dans toute l'Alsace

Celui qui garde dans son cœur
Un souvenir, une espérance,
A la Patrie offre une fleur :
C'est aujourd'hui la Sainte-France.

Cachés parmi de verts rameaux,
Dans une ferme du village,
On a suspendu deux drapeaux,
Du pays dernier héritage.
Chacun s'agenouille en versant
Une larme pour la Patrie,
Et chaque homme fait le serment
De donner pour elle sa vie.

Celui qui garde dans son cœur
Un souvenir, une espérance,
A la patrie offre une fleur :
C'est aujourd'hui la Sainte-France.

Un vieillard se lève en tremblant
Et dit aux petits en prière :
— Ces deux drapeaux sont maintenant
Pour nous la France tout entière.
Portez son deuil, ô mes enfants,
Et tant qu'elle sera bannie
Revenez ainsi tous les ans
Offrir des fleurs à la Patrie !

Que ceux qui gardent dans leurs cœurs
Un souvenir, une espérance,
A l'ombre de ces trois couleurs
Viennent fêter la Sainte-France !

Le vin du Rhin

E me parlez pas des vins
Qui nous viennent d'Allemagne.
Pour chanter de gais refrains,
Vive le vin de Champagne!
Les nectars
De ces soudards
Ont le goût toujours fadasse,
Car leurs crus les plus fameux
Sont ainsi que leurs cheveux
Blonds comme de la filasse.

Le vin qui vient du Rhin
Attristerait mon verre,
Versez-moi du raisin
Des coteaux de Tonnerre.

Nargue les bataillons
De la grande Allemagne.
A la gueule de leurs canons
Débouchons et vidons
Des flacons de champagne.

Ils n'ont pas le gai soleil
Qui sourit à nos collines,
Et de son éclat vermeil
Mûrit les grappes divines.
      Notre vin
    Dans un refrain
Fait sur la lèvre timide
Éclore un baiser joyeux,
Mais l'Allemand soucieux
Dort près de sa coupe vide.

Le vin qui vient du Rhin
Attristerait mon verre,
Versez-moi du raisin
Des coteaux de Tonnerre.
Nargue les bataillons
De la grande Allemagne.
A la gueule de leurs canons
Débouchons et vidons
Des flacons de champagne.

Pendant que leurs bataillons
Jalousent notre abondance,
Nos verts coteaux bourguignons
Viennent enrichir la France.
      Chaque soir
    Sous son ciel noir,
Pauvre et cuvant sa colère,
L'Allemand ne rit jamais
Et le champagne français
Mousse en bravant sa misère.

Le vin qui vient du Rhin
Attristerait mon verre,
Versez-moi du raisin
Des coteaux de Tonnerre.
Nargue les bataillons
De la grande Allemagne.
A la gueule de leurs canons
Débouchons et vidons
Des flacons de champagne.

L'Aveugle de Bazeilles

JE combattais sous le drapeau de France,
    Quand l'Allemagne envahit mon hameau,
    J'étais sergent, le cœur plein d'espérance,
Rêvant encor quelque grade nouveau.
C'était un soir, on battait en retraite,
Au coin d'un bois l'orage nous surprit,
L'éclair suivit la foudre sur ma tête :
J'étaisaveugle et marchais dans la nuit

Quand je m'asseois au seuil de ma chaumière,
En écoutant passer leurs régiments,
Je bénis Dieu qui ferma ma paupière :
Je ne vois pas les drapeaux allemands.

Quand je revins au hameau de Bazeille,
Le feu, la mort, hélas! m'avaient tout pris,
Les Bavarois campaient, depuis la veille,
Près de l'église au milieu des débris.
En retrouvant la maison de mon père,
Mes bras en vain cherchaient le pauvre vieux,
Sous une croix, au fond du cimetière,
Avec ma mère, ils dormaient tous les deux.

Quand je m'asseois au seuil de ma chaumière,
En écoutant passer leurs régiments,
Je bénis Dieu qui ferma ma paupière :
Je ne vois pas les drapeaux allemands.

En vain, l'on dit que sur nos citadelles
C'est par milliers qu'ils roulent leurs canons,
Narguant leurs forts, narguant leurs sentinelles,
Français toujours, Français nous resterons.
L'Alsace a beau trembler sous leur bannière,
Dès que les prés fleurissent à nouveau,
Chaque printemps j'orne ma boutonnière
Des trois couleurs de notre ancien drapeau...

Quand je m'asseois au seuil de ma chaumière,
En écoutant passer leurs régiments,
Je bénis Dieu qui ferma ma paupière,
Je ne vois pas les drapeaux allemands.

En attendant que sur nos forteresses
Soit replanté le drapeau d'autrefois,
En attendant les heures vengeresses,
Fiers exilés nous subissons leurs lois.
Vieil empereur, Dieu maudit les conquêtes,
Tremble là-bas, sous ton sceptre d'airain,
Car quelque jour tes aigles à deux têtes
Iront rouler dans les flots bleus du Rhin.

Quand nos soldats, ô ma France, ô ma mère !
Dans nos cités rentreront triomphants,
Dieu ce jour-là me rendra la lumière
Pour voir s'enfuir les drapeaux allemands.

Le beau Sergent

ANS un petit village de Lorraine
Des bataillons passent marchant au pas,
Une fillette, ayant seize ans à peine,
De ses grands yeux regarde les soldats ;
Quand un sergent s'avance vers la belle
Et lui demande un baiser crânement,
— Ami, sois brave, et tu l'auras, dit-elle,
Quand reviendra chez nous ton régiment.

La poudre au loin dans un nuage immense
Couvrait les bois de son éclat vermeil.
— Adieu, dit-elle, adieu, beau régiment de France.
Demain reviens ici saluer le soleil.

9

Le beau sergent part et rejoint l'armée
Qui se battait sur le côté d'un bois ;
Il disparaît bientôt dans la fumée
Et du canon seul on entend la voix...
La nuit tomba sur le champ de bataille,
La jeune fille attendit... Vain espoir !
Le régiment fauché par la mitraille
Ne revint pas au village le soir.

La lune au loin, ainsi qu'un phare immense,
De nos soldats montrait le sang vermeil.
— Adieu, dit-elle, adieu, beau régiment de France,
De tes soldats combien reverront le soleil !

Le lendemain, quand l'aube épanouie
Vint éclairer la place des combats,
La jeune fille alla dans la prairie
Chercher celui qui ne revenait pas.
Elle aperçut au bord de la Moselle
Le soldat mort, les traits déjà pâlis :
— Tiens, beau sergent, je t'apporte, dit-elle,
Le doux baiser que je t'avais promis !

Le clair soleil à l'horizon immense
Couvrait les bois de son éclat vermeil.
— Adieu, dit-elle, adieu, nobles fils de la France
Qui dormez maintenant d'un glorieux sommeil.

Les Noces de Madeleine

Dans un moulin de la blonde Lorraine,
Au bord d'un bois, vers la fin de l'été,
Le meunier Jean mariait Madeleine
Avec Marcel, son jeune fiancé.
Tous deux s'aimaient déjà depuis l'enfance,
Un doux sourire illuminait leurs yeux,
Et le moulin en ce jour d'espérance
Retentissait de leurs rires joyeux.

Le soleil caressait la plaine,
Les fauvettes dans les buissons,
Les rossignols et les pinsons
Disaient leurs plus douces chansons
Pour les noces de Madeleine.

Mais tout à coup un bruit de fusillade
Vient d'éclater, un bataillon français
A près de là surpris une embuscade,
La poudre gronde au fond du bois épais.
Par la fenêtre une balle ennemie
Entre en sifflant et va frapper soudain
Le vieux meunier qui, la face pâlie,
Chancelle et tombe au milieu d'un refrain.

    Le soleil caressait la plaine,
    Les fauvettes dans les buissons,
    Les rossignols et les pinsons
    Disaient leurs plus douces chansons
    Pour les noces de Madeleine.

Se saisissant d'un vieux fusil de chasse,
Marcel alors, pour venger le meunier,
Tire sans trêve et couche sur la place
Chaque ennemi que son œil peut viser.
Mais les Français ont cédé sous le nombre,
Par les Prussiens le moulin est cerné,
Marcel est pris, et le chef d'un air sombre
Lui dit : C'est bien, tu seras fusillé !

    Le soleil caressait la plaine,
    Les fauvettes dans les buissons,
    Les rossignols et les pinsons
    Disaient leurs plus douces chansons
    Pour les noces de Madeleine.

Quand vint le soir, devant le capitaine
Marcel parut; le chef lui dit tout bas :
— Tu dois connaître et les bois et la plaine,
Sers-nous de guide, à ce prix tu vivras.
Mais relevant son front plein de vaillance,
Il répondit : Mon sort m'importe peu.
Plutôt la mort que de trahir la France !
Feu donc, soldats ! O Madeleine, adieu !

    Un éclair sillonna la plaine,
    Marcel debout tomba sans peur,
    Et le sang rosé de son cœur
    S'en alla rougir une fleur
    Du bouquet blanc de Madeleine.

L'Hirondelle d'Alsace

~~~~~~~~~~~~~~~~~~~~

Voyant passer au loin la frileuse hirondelle,
Un Alsacien perdu sur le sol africain,
Lui murmure en passant : Messagère fidèle,
Parle-moi du clocher de mon hameau lointain.
Viens-tu des bords du Rhin qui baigne ma colline ?
Avais-tu fait ton nid sur le bord de nos champs,
Auprès du bois fleuri qui mène à la chaumine,
Qui vit les premiers pas de mes jeunes enfants ?

Suspends ici ton vol, hirondelle qui passe,
Arrête sur mon toit ton essor gracieux ;
Avant de repartir demain pour d'autres cieux
Parle-moi du pays, hirondelle d'Alsace.

As-tu vu le chemin qu'embaume l'aubépine ?
Lorsque le doux avril ramène le printemps,
Près de la vieille église où jadis Madeline
M'a, dans un jour béni, fait ses premiers serments.
Si tu revois encor le sol de mon village,
Bel oiseau voyageur, songe au pauvre exilé,
Et rapporte pour moi de ton prochain voyage
Une fleur du pays où mon cœur est resté.

Suspends ici ton vol, hirondelle qui passe,
Arrête sur mon toit ton essor gracieux ;
Avant de repartir demain pour d'autres cieux
Parle-moi du pays, hirondelle d'Alsace.

La guerre a dispersé toute notre couvée,
Madeline est couchée au pied d'un vert coteau ;
Et loin de l'humble croix la famille émigrée
Ne peut aller porter des fleurs sur son tombeau.
Il m'a fallu quitter le hameau que j'adore,
Car un autre étendard flottait sur mon pays ;
Ici je vois du moins le drapeau tricolore
Et je pourrai mourir à l'ombre de ses plis.

Suspends ici ton vol, hirondelle qui passe,
Arrête sur mon toit ton essor gracieux ;
Avant de repartir demain pour d'autres cieux,
Parle-moi du pays, hirondelle d'Alsace.

Le Batelier lorrain

~~~~~~~~

Sur les flots bleus de la Moselle,
Pendant la nuit, dans son bateau,
Près des murs d'une citadelle
Un batelier descendait l'eau.
Lentement, d'une voix sonore
Il chantait, le vaillant lorrain,
L'hymne du drapeau tricolore
De nos anciens soldats du Rhin.

Si tu veux revoir ton gîte,
A l'ombre des noirs drapeaux,
Batelier, passe plus vite...
Des fusils allemands luisent dans les créneaux

Puis sur l'eau glissant en silence,
Il songe aux beaux jours d'autrefois,
Quand les trois couleurs de la France
Rayonnaient au-dessus des toits.
Son cœur rêve à sa fiancée,
Mais contemplant près d'un canon
La bannière noire dressée,
Il reprend encor sa chanson.

Si tu veux revoir ton gîte,
A l'ombre des noirs drapeaux,
Batelier, passe plus vite...
Des fusils allemands luisent dans les créneaux.

Il pense à sa pauvre chaumière,
Au petit frère aux pas tremblants,
Qui fait doucement sa prière
Près de l'aïeule aux cheveux blancs.
Au souvenir de la famille
Qui ne compte que sur son bras,
En voyant un fusil qui brille,
Le Lorrain chante un peu plus bas.

Si tu veux revoir ton gîte,
A l'ombre des noirs drapeaux,
Batelier, passe plus vite...
Des fusils allemands luisent dans les créneaux.

Tout à coup, comme dans un rêve,
Il voit passer nos escadrons,
Et dans les airs sa voix s'élève,
Hurlant : Formez vos bataillons !
Mais d'un créneau la sentinelle
Vise au cœur le hardi lorrain
Qui, dans les flots de la Moselle,
Tombe en chantant son fier refrain.

Le vautour a fait son gîte
A l'ombre des noirs drapeaux ;
Bateliers, passez plus vite...
Les fusils allemands luisent dans les créneaux.

L'Espion français

~~~~~~~~~~~~~~~~~~~~

Dans Strasbourg allemand, dix ans après la guerre
Devant des officiers en conseil réunis
Paraît un alsacien la mine haute et fière ;
Près de leurs nouveaux forts il vient d'être surpris :
— Jugez-moi, leur dit-il, mais lorsque sans scrupules
Vous m'avez vu rôder autour de vos bastions,
Allez, ce n'était pas pour voler vos pendules,
Soldats, c'est un Français qui comptait vos canons.

Salut à toi, fils aîné de la France,
J'admire ton courage en sa simplicité.
Ton cœur ardent rêvait la délivrance,
Tu payas ton amour avec ta liberté.

—Vous m'avez pris, c'est bien, sans pitié qu'on m'en-
                                              [traîne,
Allez, fermez sur moi vos plus sombres cachots;
Avec fierté demain je traînerai ma chaîne.
Dieu venge les martyrs un jour de leurs bourreaux.
Ces forts dressés par vous sur la terre française
S'écouleront ainsi que votre immense orgueil,
Quand cent mille soldats chantant la Marseillaise
Réveilleront vos morts couchés dans le cercueil!

    Salut à toi, fils aîné de la France,
J'admire ton courage en sa simplicité.
    Ton cœur ardent rêvait la délivrance,
Tu pays ton amour avec ta liberté !

— Vous êtes tout puissants, ô soldats d'Allemagne !
Vous ébranlez le monde avec vos bataillons,
Reîtres toujours bottés pour entrer en campagne,
Vous couchez dans vos lits avec vos éperons.
La France les yeux secs, conserve mieux sa haine,
Les vivants sont debout, les morts se lèveront.
Prenez garde Allemands, l'Alsace et la Lorraine
Sont deux volcans éteints qui vous engloutiront.

    Salut à toi, fils aîné de la France,
J'admire ton courage en sa simplicité.
    Ton cœur ardent rêvait la délivrance,
Tu payas ton amour avec ta liberté.

La Mendiante de Strasbourg

~~~~~~~~~~~~~~

A neige tombe, au porche d'une église,
Pâle et glacée une enfant de Strasbourg,
Tendant la main, sur la pierre est assise
Et reste encor malgré la fin du jour.
Un homme passe, il donne à la pauvrette
Mais elle a vu l'uniforme allemand,
Et repoussant l'aumône qu'on lui jette
A l'officier elle dit fièrement :

— Gardez votre or, je garde ma souffrance,
Soldat, respectez mon chagrin,
Je suis une enfant de la France :
Aux Allemands je ne tends pas la main !

Mon père est mort sur vos champs de bataille,
Je ne sais pas l'endroit de son cercueil;
Ce que je sais, c'est que votre mitraille
M'a fait porter une robe de deuil
Et qu'en prière à notre cathédrale
Ma mère, hélas! sous les murs écroulés
Tomba sanglante une nuit sur la dalle,
Frappée au cœur par un de vos boulets.

— Gardez votre or, je garde ma souffrance,
    Soldat, respectez mon chagrin,
    Je suis une enfant de la France:
Aux Allemands je ne tends pas la main.

Vous m'avez pris et famille et patrie,
Votre or peut-être est rouge de leur sang,
J'ai tout perdu; si j'ai gardé la vie,
C'est que j'attends l'heure du châtiment.
Elle viendra, toute chaîne se brise;
Mais s'il fallait vous mendier mon pain,
J'aimerais mieux, au seuil de cette église,
Mourir un jour de misère et de faim.

— Gardez votre or, je garde ma souffrance,
    Soldat, respectez mon chagrin,
    Je suis une enfant de la France:
Aux Allemands je ne tends pas la main.

La Vedette

Au coin d'un bois, la vedette attentive
Cherche de l'œil à percer l'horizon;
Dans la nuit noire elle est sur le qui-vive,
Et le vent seul murmure sa chanson.
Des bois jaunis la feuille se détache,
Tourbillonnant à travers les chemins.
Le cavalier que la neige empanache,
Semble écouter mourir des bruits lointains.

Il rêve du pays et de sa douce enfance
En écoutant rouler les feuilles dans les bois,
Il revoit son passé, ses amis d'autrefois,
Pendant qu'il veille sur la France.

Il voit au loin, dans un trompeur mirage
L'humble hameau qui lui donna le jour ;
Il se retrouve au milieu du village,
Chacun joyeux vient fêter son retour.
Il aperçoit Jeanne, sa fiancée,
Avec sa mère elle accourt à grands pas,
Les yeux brillants, l'âme toute oppressée...
Pour l'embrasser elles ouvrent leurs bras.

Il rêve du pays et de sa douce enfance,
En écoutant rouler les feuilles dans les bois,
Il revoit son passé, ses amis d'autrefois,
    Pendant qu'il veille sur la France.

Mais tout à coup autour de lui, dans l'ombre,
Il voit briller des casques allemands.
— Rends-toi ! lui dit un chef d'une voix sombre.
Mais en bravant les fusils menaçants :
— Tirez, dit-il, que m'importe la vie !
Car votre poudre éveillera le camp.
D'un coup de feu sa parole est suivie
Et sur la route il tombe en murmurant :

— Adieu, mon beau pays et mes rêves d'enfance,
Je ne reverrai plus les feuilles dans les bois ;
Bercez encor mon cœur, souvenirs d'autrefois,
    Pendant que je meurs pour la France.

La fin de l'Orgie

Dans un salon brillant, au milieu d'une orgie
Où l'air était rempli par les vapeurs du vin,
Où les flacons vidés sur la nappe rougie
Annonçaient que bientôt finirait le festin,
Un homme resté sobre au milieu de la fête,
Cria : Réveille-toi, jeunesse au sang impur,
Et d'une voix vibrante, en relevant la tête :
— Honte à vous ! leur dit-il, en désignant le mur ;

Regardez tous cette carte de France,
N'éveille-t-elle pas en vous un souvenir ?
Vous êtes du pays la force et l'espérance,
O débauchés sans cœur, songez à l'avenir !

S'ils vous voyaient ceux-là qui gagnaient des batailles,
Qui couchaient sur la dure avec le sac au dos,
Ces géants riraient bien de vos petites tailles,
Eux qui marchaient au feu les pieds dans des sabots.
Héros de Reischoffen, venez remplir vos verres,
Sortez de vos tombeaux, régiments glorieux
Et que dans ce banquet vos vaillantes poussières
Enseignent l'héroïsme à ces fils oublieux.

Regardez tous cette carte de France,
N'éveille-t-elle pas en vous un souvenir ?
Vous êtes du pays la force et l'espérance,
O débauchés sans cœur, songez à l'avenir !

A ces accents virils frémit chaque convive,
Et lorsque le vieillard eut fini de parler,
Ainsi que des soldats surpris par le qui-vive !
On les vit tous pâlir et se transfigurer.
Chacun d'eux dégrisé par ce mâle langage,
Sous le soufflet sanglant se réveilla soudain,
Et du pays en deuil fixant alors l'image,
Le rouge au front brisa son verre dans sa main.

En regardant la carte de la France,
Ils dirent à celui qui parlait d'avenir :
— Si la patrie a mis en nous son espérance,
Nous faisons le serment de nous en souvenir.

Le Drapeau de Metz

A Metz un jour qu'elle était libre encore,
Un vieux marin, au sommet d'un clocher,
Alla planter le drapeau tricolore
Que l'Allemand essaya d'arracher.
Depuis ce temps sur la ville envahie
Flottent toujours ces trois fières couleurs.
Saint étendard, reste de la patrie,
Qui dit : Espoir ! à chacun de nos cœurs.

Dans notre ciel luit toujours l'espérance,
L'ancien drapeau défia les vautours ;
Arrachez donc ce lambeau de la France,
Qui flotte encore au sommet de nos tours.

Soldats du Nord, dans nos plaines fertiles
Ils ont campé, vos nombreux bataillons,
Et vous avez, en bombardant nos villes,
Semé la mort et brûlé nos maisons.
Vous avez pu supprimer la patrie
A des milliers de Français comme nous,
Et cependant Metz encor vous défie,
Car ses enfants chantent autour de vous :

Dans notre ciel luit toujours l'espérance,
L'ancien drapeau défia les vautours;
Arrachez donc ce lambeau de la France,
Qui flotte encore au sommet de nos tours.

Allez, soldats, suspendez vos cordages,
Montez, grimpez, arrachez ce drapeau.
La ville, un jour, lasse de tant d'outrages
Se lèvera du fond de son tombeau.
Si ce jour-là l'étendard flotte encore,
Un de ses fils montant sur le clocher,
Ira chercher ce lambeau tricolore,
Et sous ses plis vous nous verrez marcher.

Dans notre ciel luit toujours l'espérance,
L'ancien drapeau défia les vautours;
Arrachez donc ce lambeau de la France,
Qui flotte encore au sommet de nos tours.

Grand-père, parlez-nous de France

~~~~~~~~~

Dans une cité de l'Alsace,
Auprès d'un poste d'Allemands,
Au soleil, sur la grande place,
S'amusent des petits enfants.
Lorsque la bande tout entière,
Arrêtant ses jeux et ses cris,
Court soudain vers le banc de pierre
Où seul un vieillard est assis.

Les yeux tout remplis d'espérance,
Les enfants lui disent tout bas :
— Grand-père, parlez-nous de France,
Les Allemands n'entendent pas !

Le grand-père avait vu la guerre,
Brûler Strasbourg cinquante nuits,
Et dans l'Alsace-cimetière
Les villages partout détruits.
Il avait vu, couverts de gloire,
Mourir ces hardis escadrons,
Changeant la défaite en victoire
Sous la mitraille des canons.

Les yeux tout remplis d'espérance,
Les enfants répétaient tout bas :
— Grand-père, parlez-nous de France,
Les Allemands n'entendent pas !

— Enfants, dit-il, pour la Patrie
Sonnera l'heure du revoir ;
Jurez de donner votre vie
Le jour de ce suprême espoir.
Ne laissez pas dormir vos pères
A l'ombre de ces noirs drapeaux ;
Que par les bottes étrangères
Ne soient plus foulés leurs tombeaux !

Et la voix pleine d'espérance,
Au milieu des petits enfants,
L'aïeul cria : Vive la France !
Devant le poste d'Allemands.

La Croix du Colonel

A nuit tombait sur le champ de bataille,
Un colonel loin de son régiment
Avait été couché par la mitraille;
Auprès de lui se tenait un sergent.
— Prends, disait-il, ma croix sur ma tunique
Bientôt pour moi sonnera le trépas.
Conserve bien cette sainte relique
Que j'ai portée en plus de vingt combats.

Adieu, dit-il, ami, la mort s'avance,
Serre ma main pour la dernière fois.
Si quelque jour tu dois revoir la France,
A mon enfant va porter cette croix.

Dans une chambre obscure et solitaire,
Un an plus tard un enfant à genoux
Disait tout bas : Quand reviendra mon père ?
Où donc est-il ? Mon Dieu rendez-le nous !
Sa mère en deuil écoutait sans rien dire
Du chérubin les souhaits superflus ;
Depuis longtemps sans oser l'en instruire
Elle savait, hélas ! qu'il n'était plus !

Lorsqu'un sergent soudain poussant la porte,
Leur dit avec des larmes dans la voix :
— Mon colonel est mort ! et je rapporte,
Selon ses vœux, à son fils cette croix.

Ce fut après une terrible lutte,
Mon colonel vaincu par la douleur,
Sentant sonner sa dernière minute,
Me dit : Ami, prends cette croix d'honneur,
Et jure-moi, si tu revois la France,
De l'attacher sur le cœur de mon fils,
En lui disant que ma seule espérance
Est qu'il la porte un jour pour son pays.

L'enfant pâlit, puis regardant sa mère
Et le sergent qui contait ces exploits,
Saisit leurs mains et dit d'une voix fière :
— Je fais serment de gagner cette croix.

La Bénédiction des Drapeaux

ᴇs régiments sont en rangs de bataille,
 Leur général assemble devant eux
 Les étendards que bientôt la mitraille
Va transformer en haillons glorieux.
— Saintes couleurs, en ce moment suprême,
Dit-il alors d'une puissante voix,
Vous qui du feu recevrez le baptême
Lorsque le jour montera sur ces bois.

Je vous bénis au nom de la Patrie,
Allez, drapeaux au milieu des combats,
Porter l'honneur de ma France chérie,
Et vers la gloire entraîner ses soldats.

Vos plis soyeux vont connaître les balles,
La poudre va noircir vos trois couleurs,
Vous connaîtrez les marches triomphales
Quand des combats vous reviendrez vainqueurs.
Vous porterez de larges cicatrices,
Et de retour au soleil du pays,
En contemplant vos états de services
On saluera vos superbes débris.

Je vous bénis au nom de la Patrie,
Allez, drapeaux, au milieu des combats
Porter l'honneur de ma France chérie,
Et vers la gloire entraîner ses soldats.

Puis dans sa main prenant une bannière,
Dont chaque pli n'était plus qu'un lambeau,
Le général ouvrit sa boutonnière
Et de sa croix décora le drapeau :
J'honore ici, dit-il, votre vaillance.
Montrant la croix à tout le régiment :
Marchez, soldats, et prouvez à la France
Que vous savez la porter fièrement.

Je vous bénis au nom de la Patrie,
Allez, drapeaux, au milieu des combats
Porter l'honneur de ma France chérie,
Et vers la gloire entraîner ses soldats.

Enfants, ne sortez pas, voici les Allemands

ON entendait au loin la fusillade
Qui crépitait sous l'ombre des sapins,
Les Allemands, craignant une embuscade,
Par des boulets éclairaient les chemins.
Rose, une enfant ayant dix ans à peine,
Dans les blés d'or tout prêts pour la moisson,
Allait gaîment en courant par la plaine,
Le cœur joyeux comme un jeune pinson.

Petits enfants, restez près de vos mères,
Ne sortez pas, voici les Allemands ;
De leurs soldats les balles meurtrières
N'épargnent pas le doux front des enfants.

Mais tout à coup une balle qui passe
S'en va frapper Rose, dont le front pur
Au plomb brutal semblait demander grâce,
Et qui chancelle au milieu du blé mûr.
Elle pâlit et bientôt elle expire
Comme un oiseau touché par le chasseur,
Pendant qu'un doux et céleste sourire
S'attarde encor sur ses lèvres en fleur.

Petits enfants, restez près de vos mères,
Ne sortez pas, voici les Allemands ;
De leurs soldats les balles meurtrières
N'épargnent pas le doux front des enfants.

On la ramène au seuil de sa chaumière
Où son berceau sera vide à présent.
— Hélas ! voyez, dit sa vieille grand'mère,
Après le père ils ont tué l'enfant.
Vous dont le plomb va faucher les colombes
Qu'hier encor nous bercions dans nos bras ;
De chérubins vous qui peuplez les tombes,
Soyez maudits, ô farouches soldats !

Petits enfants, restez près de vos mères,
Ne sortez pas, voici les Allemands ;
De leurs soldats les balles meurtrières
N'épargnent pas le doux front des enfants.

Ce qu'ils veulent nous prendre

'OREILLE au vent, toujours en selle,
Echelonnés le long du Rhin,
En attendant une étincelle
Les hulans regardent Berlin.
— En avant ! est leur cri de guerre,
Ils ont pour mot de ralliement :
— Elargissons notre frontière
Et reprenons le vieux sol allemand !

A nous la Bourgogne et la Flandre,
A nous Lille, à nous Besançon,
A nous Belfort, à nous Dijon !
Voilà ce qu'ils veulent nous prendre.

Garde-toi, garde-toi, vieille terre des Francs,
Voici venir encor les vautours allemands!

Las de leurs vins aux pâles mines,
Les gosiers de leurs généraux
Convoitent les grappes divines
De la Bourgogne aux frais coteaux.
N'ayant jamais pu, dans leurs plaines,
France! emporter ton doux soleil,
Ils chantent à leurs capitaines,
En leur montrant ta vigne au sang vermeil :

— A nous la Bourgogne et la Flandre,
A nous Lille, à nous Besançon,
A nous Belfort, à nous Dijon!
Voilà ce qu'ils veulent nous prendre.
Garde-toi, garde-toi, vieille terre des Francs,
Voici venir encor les vautours allemands.

Ce n'est pas assez de l'Alsace,
De la Lorraine et des milliards,
Ils veulent élargir la place
Où flottent leurs noirs étendards.
Le Rhône et sa riche campagne,
Bismarck a marqué tout cela,
En montrant du doigt la Champagne,
— Notre frontière, a-t-il dit, la voilà !

A nous la Bourgogne et la Flandre,
A nous Lille, à nous Besançon,
A nous Belfort, à nous Dijon !
Voilà ce qu'ils veulent nous prendre.
Garde-toi, garde-toi, vieille terre des Francs,
Voici venir encor les vautours allemands.

Sois vigilante, ô ma Patrie !
De Mayence jusqu'à Berlin
La haine n'est pas endormie
Et dans leurs bois les loups ont faim.
Ils sont pauvres, ils sont rapaces
Et couvent nos riches labours,
France ! à tes enfants dans leurs classes
Apprends comment on abat les vautours.

Gardons la Bourgogne et la Flandre,
Gardons Lille avec Besançon,
Sauvons Belfort, sauvons Dijon !
Voilà ce qu'ils veulent nous prendre.
Souviens-toi, souviens-toi, vieille terre des Francs:
Voici venir encor les vautours allemands !

L'Escadron Fantôme

L A lune monte sur la plaine
Et l'inonde de ses rayons;
Sur son cheval couleur d'ébène,
Un cuirassier par les sillons,
Le sabre au poing, le casque en tête,
Passe et revient comme un éclair,
Sa voix sonne dans la tempête
La charge aux fantômes de fer.

Holà ! debout les morts, secouez vos crinières!
Hurle la voix de cuivre, éveillez-vous, géants,
La retraite commence, et pour sauver nos frères,
Allons barrer la route aux soldats allemands.

A son appel tout se réveille,
Hommes, chevaux, couverts de sang,
Sortent de la terre vermeille
Et s'en vont reprendre leur rang.
Les escadrons sont en bataille,
Les sabres sont impatients,
Et l'acier comme un broussaille
Etincelle au milieu des champs.

Holà ! debout les morts, secouez vos crinières
Hurle la voix de cuivre, éveillez-vous, géants,
La retraite commence, et pour sauver nos frères,
Allons barrer la route aux soldats allemands.

Sur ces bataillons invisibles
Qui se cachaient au fond des bois,
Ils allaient, ces fiers invincibles,
Charger pour la dernière fois,
Lorsque le soleil sur la terre,
Jetant son premier rayon d'or,
Les fit rentrer dans la poussière...
Mais l'écho redisait encor :

Holà ! debout les morts, secouez vos crinières,
Ombres de Reischoffen, formez ici vos rangs !
La retraite commence, et pour sauver vos frères,
Allez barrer la route aux soldats allemands !

La ferme de Wissembourg

C'ÉTAIT le soir de Wissembourg,
      Et la bataille était depuis longtemps finie!
      Une ferme qui tout le jour
Avait vomi la mort sur l'armée ennemie,
      Voyait maintenant sur ses toits
      Flotter la bannière allemande.
De tous ses défenseurs il n'en restait que trois :
La mère et deux enfants, la surprise était grande,
Et les sombres vainqueurs, en comptant leurs soldats
Qui manquaient à l'appel, se demandaient tout bas
Comment il se faisait que le bras d'une femme
Ait pu coucher autant d'hommes sur les chemins.
En entrant dans la ferme on leur lia les mains,
Puis le chef leur cria : Recommandez votre âme,

On va vous fusiller le long de la maison !
    La mère, alors comme un lion,
    Bondit devant les baïonnettes,
  Et dit : Pour moi, c'est bien, faites !
  Mais grâce pour mes petits,
Ils n'ont pas pu tenir dans leurs mains de fusils,
    Moi seule ai brûlé ces cartouches,
Mais eux n'y sont pour rien, vous n'êtes pas farouches
Au point d'aller tuer ces pauvres innocents.
  Grâce pour eux, messieurs les Allemands !
N'est-ce donc pas assez de leur prendre leur mère ?
        Moi je veux bien mourir,
Mais après, n'est-ce pas, ils pourront repartir ?
Ils vont être orphelins, car ils n'ont plus de père...
— C'est assez, dit le chef, finissons cette fois,
    Qu'on les fusille tous les trois !...
— Non, dit la mère, oh ! Dieu ! j'ai le délire...
  J'ai mal compris, vous avez voulu rire,
Car vous êtes vainqueurs, cela vous rend joyeux,
Les soldats aiment bien être victorieux...
Tirer sur des enfants, oh ! non, c'est impossible,
Non, cela n'est pas vrai qu'ils vont servir de cible
    Au plomb de vos soldats...
Des enfants de six ans, vous ne l'oseriez pas !

    Vous devez avoir une mère,
    Et là-bas, dans votre pays,
    Des enfants qui pleurent leur père...
    Ayez pitié de mes petits !

Ils n'ont rien fait, je vous le jure,
Moi seule ai visé vos soldats
Au travers de cette embrasure,
Mais eux, ne me les tuez pas !

Quand je vais aller tout à l'heure
Me mettre au bout de vos fusils,
Enfermez-les dans ma demeure,
J'aurais peur d'entendre leurs cris.
Leur père est mort depuis l'automne,
Ils s'en iront par les chemins...
O soldats, que Dieu vous pardonne
De faire ainsi des orphelins !

Allons, venez, vive la France !
Adieu, petits, ne pleurez pas,
Je vais tomber pour sa défense
Et de la mort de ses soldats.
Quand la guerre sera finie,
Vous viendrez de vos petits doigts
Couper l'aubépine fleurie
      Pour m'en faire une croix.

— Finissons, dit le chef ; allons, qu'on les emmène !
   — Oui, dit la mère, eh bien, nous allons voir :
   Ta mère aussi ne doit plus te revoir !
Les os de tes soldats resteront dans la plaine !...

Et brisant les liens de ses poignets sanglants,
Une torche à la main, prompte comme la foudre,
Elle bondit vers un tonneau de poudre
Et fit sauter les Allemands.

L'Alsace et la Lorraine au tombeau de Gambetta

GARDIEN, quel est l'endroit où Gambetta repose ?
Dit une femme en deuil près d'un cyprès fleuri.
— Suivez ce vert sentier où croît un laurier-rose,
C'est là que pour toujours son cœur est endormi !
Sur le même chemin, de noir aussi vêtue,
Et tenant à la main les couleurs du drapeau,
Une autre femme dit: Sœur, sois la bienvenue,
Je marche comme toi vers le même tombeau !

Toi qui rêvais la revanche prochaine,
O patriote ! effroi de nos vainqueurs,
Aux noms de l'Alsace-Lorraine
Sur ton cercueil nous apportons des fleurs.

Ma sœur, voici le but de nos tristes voyages,
Au seuil de ce tombeau, déposons nos bouquets,
Car le cœur de celui qui dort sous ces ombrages
A de nos fils proscrits mérité les regrets.
Dans les grands jours de deuil où la France envahie
Succombait affolée au pied des oppresseurs,
Lui seul ressuscitant l'âme de la patrie,
Pour le sol mutilé demandait des vengeurs.

  Toi qui rêvais la revanche prochaine,
  O patriote ! effroi· de nos vainqueurs,
    Aux noms de l'Alsace·Lorraine
  Sur ton cercueil nous apportons des fleurs.

Celui qui faisait peur à tes affûts sans nombre,
O Prusse, est endormi ; mais au jour des combats,
Nous le réveillerons pour évoquer son ombre
Devant les bataillons de nos nouveaux soldats.
Prépare-toi, Bismarck, nous garderons sa haine,
Celui qui dans nos cœurs mit des bruits de clairons
Est muet désormais dans sa bière de chêne,
Mais le bronze a coulé, nous avons des canons !

  Toi qui rêvais la revanche prochaine,
  O patriote ! effroi de nos vainqueurs,
    Aux noms de l'Alsace-Lorraine
  Sur ton cercueil nous apportons des fleurs.

Dors en paix Gambetta, bientôt la fière aurore
Du jour rêvé par toi se lèvera pour nous ;
Le vent qui vient du Nord, au drapeau tricolore
A crié cette fois : Français, unissez-vous !
Va, nous te referons de belles funérailles,
Le jour où noirs de poudre, ayant passé le Rhin,
Nous irons rechercher, hachés par les mitrailles,
Les drapeaux de Sedan dans les murs de Berlin.

Dors, Gambetta, la revanche est prochaine,
L'Aigle du Nord menace nos vainqueurs ;
    Des champs de l'Alsace-Lorraine
Nos fils bientôt t'apporteront des fleurs.

France, bonjour, bon an !

~~~~~~~~~~~~~~

RANCE, j'ai vu ton front sanglant.
Tes fils insultant l'espérance;
J'ai vu le doute mordre au flanc
Ceux qui croyaient à ta vaillance;
Eh bien, je n'ai jamais pourtant,
A l'heure des sombres batailles,
Quand on sonnait tes funérailles,
Désespéré de tes entrailles,
  France, bonjour, bon an !

J'ai vu déshonorer ton nom
Par ceux qu'on te donnait pour maîtres;
J'ai vu livrer par trahison
Les fiers drapeaux de tes ancêtres.

Plus je voyais couler ton sang,
Plus je t'aimais dans ta souffrance,
Plus ma voix criait : Espérance !
On ne peut pas tuer la France.
  France, bonjour, bon an !

J'ai vu dans ces jours de terreur,
Le monde abaisser ton génie,
Et des prophètes de malheur
Parler de ta grandeur finie.
J'assiste à ton réveil puissant.
Va, ta place est bien la première,
Porte-flambeau de la lumière,
Tu règnes encor sur la terre.
  France, bonjour, bon an !

J'ai vu passer tes régiments
Revenant de la sombre guerre,
Qui s'en allaient, troupeaux errants,
Sans foi, sans espoir, sans bannière.
Depuis, par un soleil ardent,
Sous les hampes républicaines,
Portant tes drapeaux dans nos plaines,
J'ai vu tes nouveaux capitaines.
  France, bonjour, bon an !

Pour que le fruit puisse mûrir,
Pour que ton œuvre soit féconde,

A tes enfants qui vont venir
Donne une science profonde.
Par eux, l'arbre deviendra grand,
Alors ta tâche sera faite,
Tu pourras braver la tempête,
Tu ne craindras plus la défaite.

France, bonjour, bon an!

TABLE

Impr. ALCAN-LÉVY, 18, passage des Deux-Sœurs

www.ingramcontent.com/pod-product-compliance
Lightning Source LLC
Chambersburg PA
CBHW050016100426

42739CB00011B/2673